조선의 승부사들

조선의 승부사들

초판 1쇄 발행 2008년 9월 30일   초판 4쇄 발행 2010년 7월 10일

지은이 서신혜 펴낸이 김태영

기획 설완식

비즈니스 3파트장 박선영
기획편집 1분사_ 편집장 이효선
제작_ 이재승 송현주

펴낸곳 (주)위즈덤하우스 출판등록 2000년 5월 23일 제13-1071호
주소 (410-380) 경기도 고양시 일산동구 장항동 846번지 센트럴프라자 6층
전화 031) 936-4000 팩스 031) 903-3891
전자우편 yedam1@wisdomhouse.co.kr 홈페이지 www.wisdomhouse.co.kr
출력 엔터 종이 화인페이퍼 인쇄 (주)프린팅하우스 제본 서정바인텍

값 13,000원 ⓒ 서신혜, 2008 사진 ⓒ 권태균
ISBN 978-89-93119-05-3 03900

국립중앙도서관 출판시도서목록(CIP)

조선의 승부사들 : 열정과 집념으로 운명을 돌파한 사람들 / 서신혜.
-- 서울 : 위즈덤하우스, 2008
p. ; cm

참고문헌과 색인 수록
ISBN 978-89-93119-05-3 03900 : ₩ 13000

한국 전기[韓國傳記]

991.1-KDC4
920.0519-DDC21   CIP 2008002841

조선의

열정과 집념으로
운명을 돌파한 사람들

혁신가들

서신혜 지음

역사의아침

여기에 조선시대를 살았던 열 사람이 몸소 그린 인생 지도를 펼쳤다. 그들은 봉건사회에서 사람 취급도 제대로 받지 못하는 신분으로 태어나 자랐으나 그때와 다른 오늘을 만들어내며, 오늘과 다른 내일을 일구어낸 인물들이다. 넘어지고 일어서기를 계속하며 한때 뜨거운 눈물을 흘렸을지라도 그들은 자신의 모든 것을 던져 인생 승리를 이룬 진정한 승부사들이다. 그들을 가로막는 것이 신분이든, 육체적인 장애이든, 나이나 편견이든, 거대한 권력이든 그들이 갖춘 태도는 한결같았다. 변함없는 노력과 시대를 읽는 안목, 누구나 인정할 수밖에 없는 실력, 그리고 우직하고도 진실한 인간성!

사람은 위대하다. 누구든 다함없는 힘과 가능성을 갖고 있다. 지금은 답답한 가운데 있을지라도, 지금 별 볼일 없는 모습으로 있을지라도 함부로 남을 무시할 수 없고, 함부로 좌절할 필요도 없다. 하여 인생은 아름답다. 언제든 지금과 다른 놀라운 세상이 펼쳐질 수 있고, 언제든 과거와 전혀 다른 삶을 살 수 있으니 말이다. 개천에서 용 난다는 말은 그 누구의 삶에서도 증명될 수 있다. 개천은 한 사람의 영원한 주소가 아니다.

이들을 부러워하는 것에서 그치지 않고 적극적으로 그들을 벤치마킹하는 기회로 삼아보자. 그러면 그들의 삶이 내 삶이 될 수도 있고, 그들의 신나는 인생 여정이 내 것이 될 수도 있다. 그들의 삶을 나의 내일을 위한 지도로 삼아 다시금 새 길을 가보자.

2008년 가을
서신혜

세종은 자격루·간의대·흠경각·앙부일구仰釜
日晷 등을 제작하였는데, 만든 것이 매우 정교하
였으며, 모두가 왕의 뜻에서 나온 것이었다. 비
록 여러 공인들이 있었으나 임금의 뜻을 맞추는
이가 없더니, 호군 장영실만은 임금의 지혜를
받들어 기묘한 솜씨를 다하여 부합되지 않음이
없었으므로 임금이 매우 소중히 여겼다. 사람들
이 모두 말하기를 "박연과 장영실은 모두 우리
세종의 훌륭한 제작을 위하여 시대에 응해서 태
어난 인물이다" 하였다.

1_ 관비 출신 혼혈아로 종3품에 오른 과학기술자 장영실

기생의 소생이라도 솜씨가 뛰어나니 발탁한다

부산에는 장영실과학고등학교가 있다. 한국산업기술진흥협회와 매일경제신문사가 공동주관하고 과학기술부가 후원하는 산업기술상의 이름은 IR52 장영실상이다. 2009년 성균관대학교 수시 과학인재전형은 그 이름을 장영실전형이라 붙였다. (주)장영실이라는 이름의 회사도 있고 장영실서점도 있다.

조선 세종 대에 활동한 장영실은 원래 지방 관아에 속한 노비였다. 처음에는 남의 재산처럼 여겨지고 그 목숨조차 누구의 소유물처럼 함부로 여겨지던 한 노비였으나 지금 우리는 그의 이름을 공립고등학교 이름으로 붙이고, 국가가 주관하는 산업기술상에 그 이름을 넣으며, 학생들의 수시전형에 그 사람 이름을 따오며, 회사와 사무실 등에 그의 이름으로 만든 간판을 붙인다. 이만하면 그가 전에 노비였던 사실이 오히려 더 아름답게 보일 정도가 아닌가. 그는 누구인가?

측우기, 해시계, 물시계, 혼천의, 간의대 등 세종대왕 시기에 만든 온갖 기기들의 이름을 설명할 때면 늘 함께 나오는 이름이 장영실蔣英實(1383년 무렵~?)이다. 그는 세종대왕의 명에 따라 각종 아이디어가 실제 정교한 기기로 탄생하도록 만든 과학기술자다. 이제부터 동래현에 속한 노비였다가 종3품 벼슬에까지 오른 장영실의 삶을 따라가보자.

가운데에는 세종대왕이 앉고 그 앞에 이조판서 허조許稠와 병조판
서 조말생趙末生이 앉아 있었다. 그들은 한참 동안 한 사람의 일에
대해 의논 중이었다.

"장영실은 아비가 원나라 때 소주·항주 사람이고 어미는 기생
이기는 하오. 하지만 솜씨가 워낙 좋아 보통 사람과 비교할 수 없
을 정도요. 이번에 그를 상의원 별좌尙衣院別坐에 앉히고 싶은데 경
들의 생각은 어떻소?"

"신 이조판서 허조 아뢰옵니다. 전하께서 장영실에게 벼슬을 제
수하고자 하시는데, 이는 천부당만부당한 일이옵니다. 천한 기생
의 소생을 어찌 상의원에 임용할 수 있으리이까."

"선대왕이신 태종께서도 그 솜씨를 아껴서 그를 보호하시었고 나도 그를 아끼오. 조 판서의 의견은 어떠시오?"

"신 병조판서 조말생 아뢰옵니다. 신분은 천하다 할지라도 상의원은 원래 왕실과 조정에 필요한 각종 물품을 준비하는 등 기술이 필요한 부분이니, 오히려 솜씨가 좋은 장영실을 그곳에 보내는 것은 옳은 일일 것이옵니다."

"아니 되옵니다."

"……."

두 대감의 의견이 팽팽히 맞서므로 어쩔 수 없어진 세종대왕은 일단 그 자리를 접었다. 그래도 포기할 수 없어 며칠 후 여러 다른 대신들과 의논했다. 그제야 유정현 등의 찬성을 얻었다. 결국 기생의 소생이자 지방 관노였던 장영실은 조정의 정식 관리가 되었다. 이때가 세종 5년(1423)이다. 관노官奴였던 장영실은 완전히 노비의 신분에서 벗어나 당당히 종5품의 상의원 별좌에 오를 수 있었던 것이다. 노비가 단번에 종5품에 올랐으니 그 반발이 얼마나 심했으랴. 조정의 판서들이 설전을 벌이며 반대하고, 왕이 거듭 부탁하며 허락해주기를 청할 정도였으니 그것이 얼마나 대단한 일인지 짐작할 만하다.

장영실은 『세종실록世宗實錄』 등에서 그 이름이 비교적 자주 등장한다. 세종 7년(1425) 4월 18일조에 의하면 평안도 감사에게 석등을 제조하는 일을 맡기면서 장영실을 보냈고, 세종 14년(1432) 1월 4일조와 세종 20년(1438) 9월 15일조에 의하면 옥과 연철을 채굴하는 일을 그에게 맡겼다. 세종 16년(1434) 기사에만도 7월 1일조, 7월 2일조, 7월 6일조에 각각 장영실의 이름을 거론하면서 그의 공을 치하하기도 하고, 그에게 어떤 일을 시켰다고도 나온다. 뿐만 아니라 세종 7년(1425) 5월 8일조, 세종 12년(1430) 4월 27일조의 기사처럼 뇌물 수수 등의 불미스러운 일에서 그 이름이 언급되

장영실蔣英實 초상 동래현에 속한 노비였던 장영실은 세종 때 천문기구인 혼천의를 만들어 면천된 이후 측우기, 해시계, 물시계, 간의대, 규표 등 각종 과학기구를 만들어 조선 초기 과학기술 발전을 주도적으로 이끌었으며, 그 공으로 승차를 거듭해 종3품 대호군까지 이르렀다.

기도 한다. 그 구체적인 이야기는 뒤에서 자세히 살펴볼 것이다. 이런 자잘한 기록 등을 통해 그가 어떤 일들을 했는지 추정해볼 수 있는 것은 참 다행이다.

세종 임금의 말대로 장영실의 부모는 양반집 자제도 규수도 아니었다. 몽골이 중국을 지배하던 원나라 때 소주·항주 지방 사람이 장영실의 아버지라 했다. 성이 장蔣씨인 것으로 보아 몽골 사람은 아니고 한족漢族인 듯하다. 그가 장사를 하다가 파선을 했는지,

일부러 그 지배를 피해 탈출한 망명자인지는 알 수 없지만 어쨌든 그가 당시 동래東萊 지방에 머물고 있었고, 그곳 기생과 혼인하여 장영실을 낳은 것이다. 『아산장씨세보牙山蔣氏世譜』와 집안 관련 문건들에 의하면 장영실의 선대는 고려의 신하였으나 조선이 건국되면서 이성계 일파에게 협조하지 않아 역적으로 몰려 죽고, 장영실의 어머니는 기생이나 관노로 팔렸다고도 하지만, 어떤 자료에 근거해서 그렇게 설명하는지 확실하지 않다.

정확한 역사 기록에 의해서만 이야기를 이어보자. 어쨌든 우리나라 고관도 아닌 외국인이 관에 속한 기생을 함부로 아내로 삼을 수는 없었을 것이다. 하지만 여진족에게 붙잡혔다가 탈출한 중국인 김새의 금은제련 기술이 뛰어난 것을 알고 그를 붙잡아두려고 일부러 세종이 기생을 아내로 준 예(『세종실록』 19년 7월 6일조)를 생각해보면, 이들의 혼인이 국가의 정책적 배려일 가능성을 짐작할 수 있다. 장영실은 조선 초기 국제결혼으로 태어난 혼혈아인 셈이고, 어쩌면 장영실의 뛰어난 기술력은 그 아버지에게서 물려받은 것일 수도 있다. 출생 이후 장영실은 어머니의 신분을 따라 동래의 관노로 지냈다.

타고난 성실한 솜씨에 견문을 보태고

관노 시절 장영실이 지방 관영에서 어떤 것들을 만들고 어떤 솜씨를 드러냈고, 그 소문이 어떻게 궁에까지 들어가게 되었는지 알려 주는 자료는 거의 없다. 하지만 태종 때 이미 솜씨가 좋다는 소문이 있어서 몇 번 궁궐의 공인工人이 되었고, 그 솜씨를 직접 태종이 살필 기회를 얻은 것만은 확실하다. 앞서 세종이 선대왕의 일을 말하는 것으로 보아, 태종이 직접 실명을 거론하며 장영실의 솜씨를 칭찬했고, 세종은 그 이야기를 듣고 인상 깊게 그를 기억하고 있었음이 드러난다.

장영실은 이후 조선은 물론 중국까지 통틀어 가장 정교하다는 각종 기구들을 만들어냈다. 장영실은 그런 솜씨를 어떻게 갖출 수 있었을까? 『연려실기술燃藜室記述』에 그 단서가 있다. 별집 15권의 「천문전고天文典故」에서는 『서운등록書雲騰錄』에 나오는 내용을 인용하여 이렇게 썼다.

세종 3년(1421) 신축에 남양 부사 윤사웅, 부평 부사 최천구, 동래 관노 장영실을 내감內監으로 불러서 선기옥형璇璣玉衡 제도를 토론하여 연구하게 하니 임금의 뜻에 합하지 않음이 없었다. 임금이 크게 기뻐하여 이르기를 "영실은 비록 지위가 천하나 재주가 민첩한 것

혼천의渾天儀 지평선을 나타내는
둥근 고리와 지평선에 직각으로 교
차하는 자오선을 나타내는 둥근 고
리, 하늘의 적도와 위도 따위를 나타
내는 눈금이 달린 원형의 고리를 한
데 짜 맞추어 만든 것으로, 천체의
운행과 위치를 관측하던 장치다.

은 따를 자가 없다. 너희들이 중국에 들어가서 각종 천문 기계의 모
양을 모두 눈에 익혀 와서 빨리 모방하여 만들어라" 하고, 또 이르
기를 "이 무리를 중국에 들여보낼 때 예부에 자문을 보내어 『조력
학산造曆學算』과 각종 천문 서책을 무역貿易하고 보루각報漏閣·흠경
각欽敬閣의 혼천의渾天儀 도식을 견양見樣하여 가져오게 하라" 하고,
은냥銀兩·물산物産을 많이 주었다.

선기옥형(혼천의)은 천체의 운행과 위치를 측정하는 기구다. 이

기사에 의하면 장영실은 다른 몇몇 사람과 함께 중국에 가서 그곳의 선진 문물과 기술을 살펴볼 기회를 얻었다. 말하자면 국비 유학생이나 국비 기술연수단을 파송한 것이다. 하지만 장영실은 아직도 동래 관노비 신분이었다. 노비를 국비 유학생으로 보냈다면 그 대우가 얼마나 대단한 것이었는지 또다시 생각해볼 만하다.

『세종실록』 4년(1422) 기사에서는 중국에 갔던 이들이 돌아오면서 천문 관련 서적을 여러 권 사 오는 것은 물론 양각兩閣 제도를 알아왔다고 했다. 그러니 그들 일행은 1년 동안 그곳에 머물면서 이것저것 돌아보며 견문을 넓히고 연구한 것으로 보인다. 그들이 무엇을 보고 연구했는지에 대해서는 아쉽게도 구체적인 기록이 남아 있지 않다. 그들이 돌아오자마자 조정에서는 곧 양각혼의성상도감兩閣渾儀成象都監을 설치했고 그들은 본 대로 혼의를 만드는 일에 착수했다. 그 후 3년 만인 세종 7년(1425) 10월에 양각이 준공되었다.

『서운등록』과 『연려실기술』의 기록에 의하면 양각이 준공되자 세종은 친히 그곳에 가서 살펴보고는 "기이하도다! 훌륭하게도 장영실이 귀중한 보배를 이루었으니, 그 공은 둘도 없이 귀하다" 하며 기뻐했다. 세종은 곧 그를 관노 신분에서 면천免賤시켰다. 기록에는 첨지 이름을 내리고 한양에 머물게 하여 보루사報漏事의 일을 맡게 했다고 쓰여 있다. 다른 사람과 함께 했으나 남들에게는 말을 상으로 내리는 것에서 그친 데 비해 장영실은 실명을 거론하며 굳이 한양에 머물게 한 것으로 보아 그가 주도적인 역할을 하면서 그 솜씨를 발휘한 것으로 보인다. 하지만 세종 7년은 1425년이고, 장영실은 1423년에 상의원 별좌에 임명되었으며 1424년에는 사직司直에 임명되었으므로 『서운등록』 등에서 세종 7년에야 면천시켰다고 말한 것은 잘못이다. 또 세종 7년(1425) 4월 18일 기사에 "사직 장영실의 명대로 석등잔을 만들어두라"는 세종의 지시가 나오니 이 기사를 보더라도 양각이 완성된 후 면천시켰다는 기사가 잘못임을 알 수 있다.

다 드러나지는 않지만 세종은 양각 준공이 진행되는 동안에도 장영실의 각종 솜씨를 보고 기뻐하면서 그의 능력을 높이 샀다. 중

중국 북경에 있는 혼천의

국에서 돌아온 이듬해에 바로 상의원 별좌를 제수하고, 1년 만에 사직 벼슬을 제수한 것이 그 예다. 장영실의 승차 연도와 품위를 보면 이렇다. 사직이던 장영실을 세종 15년(1433)에 정4품 호군護軍에 임명하고 4년 만인 세종 19년(1437)에 종3품 대호군大護軍으로 승차시켰다. 세종 20년(1438)에는 채방 별감 자격으로 경상도 여러 읍의 연철을 바치게 했다는 기사도 나온다. 장영실이 여러 기구를 만들고, 한 일이 많아 특별히 포상을 받아 승진했다고 말하기는 어렵다. 시종일관 그는 열심히 연구하여 무언가를 발명했고, 세종은 늘 변함없는 신뢰로 그의 연구를 칭찬했다. 그 내용은 차차 더 살펴볼 것이다.

다시 장영실의 중국행에 대한 이야기로 돌아오자. 장영실이 중국에 가서 그곳 문물을 보고 경험을 넓혀 자기 발전의 기회로 삼은 것은 이번만이 아닌 듯하다. 세종 12년(1430) 4월 27일 의금부에서 올린 계에 이징과 이군실 등이 사냥을 하다가 요동 도사에게 욕을 당했고, 역참에 이르러 중국 사람을 때렸으므로 이들을 논죄해야 한다는 내용이 나온다. 그런데 이들과 함께 한 일행 중에 장영실의 이름도 포함되어 있다. 이들이 사냥을 했다는 장소는 중국의 요동이다. 곧 이때에도 장영실은 보좌관 자격으로 사신을 따라 중국에 가서 특정 과학기술을 견학했음을 알 수 있다. 북경에서 돌아오는 길에 사신 일행이 사냥을 즐기다 일어난 일로 장영실은 가벼운 벌금형에 처해졌을 뿐이다. 윗사람의 강압에 의한 행동이었다는 결론 끝에 내린 처벌이었다.

요컨대 장영실은 어떤 계기로 그 솜씨가 한양에까지 알려진 후로 임금의 배려로 적어도 두 번 이상 중국에 가서 과학기술을 살펴 자신의 솜씨와 능력을 키울 기회를 얻을 수 있었다. 그런 경험과 노력은 고스란히 세종 때의 눈부신 각종 기구들로 재탄생된다.

이런 임금 옆에
그런 인재들이 포진하고

노비인 장영실을 발탁하고 그에게 외국 연수의 기회까지 주어가면서 그 능력을 발휘하게 한 세종! 조선 최고의 황금시대를 연 임금 세종! 강한 아버지의 강압적인 정적 소탕으로 왕권이 안정되어 있었기 때문에 온갖 업적을 쉽게 이룰 수 있었다고 말할 사람도 있겠지만, 사실 그 모든 일은 세종의 인재 경영에 그 원인이 있다. 강희맹의 『사숙재집私淑齋集』 6권에는 이런 세종의 음성이 담겨 있다.

인재는 천하 국가의 지극한 보배다. (……) 국왕이 인재를 쓰지 못하는 경우는 세 가지가 있으니, 첫째 알아보지 못하는 경우요, 둘째는 절실하게 구하지 않은 경우며, 셋째는 왕과 인재의 뜻이 합치되지 못한 경우다. (……) 어떻게 하면 인재를 등용하고 키우고 알아볼 수 있겠는가?

한 사람의 인재라도 놓치지 않으려는 왕의 마음으로 그 방법을 여러 신하에게 묻는 물음이다. 이런 물음을 많은 이들에게 던졌고 그 대답을 하나하나 읽으며 세종은 더 많은 인재를 모으려 했다.

세종의 위대함은 인재를 모으는 것에 그치지 않고 그들 한 사람 한 사람을 매우 각별하게 배려하고 격려했다는 점이다. 세종 6년(1424) 11월 29일 함길도 도절제사咸吉道都節制使 하경복河敬復(1377~1438년)에게 더 머물기를 바란다는 내용으로 전한 편지는 지금 보아도 가슴 뭉클하다. 『세종실록』의 기사를 보자.

야전 생활에 수고가 많으리라 생각한다. 당초에 경이 진鎭에 부임할 때 변방의 경보가 급하여 명령을 받고 바로 떠나 늙은 어머니를 뵈올 겨를도 없었으니, 내 실로 민망히 여겨 일찍이 사람을 보내어 경의 어머니를 존문한 것은 이미 들어서 알 것이라 생각한다.

경이 북문北門을 수직하면서부터 국경을 방어하는 군정軍政은 날마다 잘되어 나가고, 간사한 도적들이 틈을 타고 나왔으나 여러 번 승전을 보고하여, 변방의 백성들이 자못 편하게 쉴 수 있게 되었다. 작년 가을의 경원慶源 싸움에 경이 몸을 일으켜 단신으로 뛰어나와 친히 시석矢石을 무릅쓰고 싸워 드디어 여러 장교들이 앞을 다투면서 역전하여 적을 격파하였으니, 경의 충의에 내가 중요하게 의지하는 바이다.

경이 진에 있은 지 거의 두 돌이 되어가니 규례로는 당연히 갈려서 돌아와야 할 것이나 (……) 아무리 장수될 만한 사람을 살펴도 경과 바꿀 만한 사람이 없다. (……) 경은 나를 위하여 머물러서 장성長城이 되어 나의 북쪽을 염려하는 근심을 없애도록 하라. 겨울날이 추우니 근일에 편안히 지내라.

변방이 어지럽다는 이유로 급히 장수를 보낸 후 그 장수가 늙은 어미에게 인사조차 하지 못하고 떠난 것을 알아차릴 만큼 신하에게 관심을 갖는 군주가 몇이나 될까? 그리고 생각에만 그치지 않고 곧 사람을 보내 그 어미의 안부를 살펴 그 결과를 알려주는 왕! 그 소식을 들은 장수가 얼마나 감동하면서 충성을 다했을지 짐작할 만하다. 세종은 여기에서 그치지 않고 연이어 그 장수의 수고와 공로를 치하하고, 자기가 얼마나 그를 중요하게 여기는지 격려하고 표현했다. 봉건제 국가에서 군주는 굳이 여러 말 할 필요 없이 그저 한마디 명령만 내리면 그만이다. 하지만 세종은 2년이나 변방에 있었으니 당연히 도성으로 돌아와야 하지만 '아무리 살펴도 경과 바꿀 만한 사람이 없다'며 더 있어달라고 부탁한다. 그리고 날씨가 추우니 몸조심하라는 말까지 덧붙인다. 군주가 이 정도의 성의를 보여 배려하고 격려했으니 그 신하는 자연히 감격하며 더욱 충성을 다짐했으리라고 짐작할 수 있다.

이 예 하나만 보더라도 세종이 주변의 인재들을 어떻게 대했는지 상상하기 충분하다. 변방의 한 장수에게까지 이렇게 관심을 표현하고 인간적으로 대우했으니 주변의 여러 대신들에게는 더하지 않겠는가. 늦게까지 일하다가 깜빡 잠이 든 집현전 학사가 추울까 봐 자기 옷을 벗어 덮어주었다는 일화는 세종을 말할 때 늘 이야기된다. 단종을 내치고 강제로 왕위에 오른 세조에게 목숨을 걸고 투쟁한 생육신, 사육신은 실은 세종이 만든 것이나 다름없다. 세종의 깊은 사랑을 받아 그 아들, 그 손자에게 충성을 다하기로 마음먹은 사람들이 바로 이들이었으니 말이다. 장영실도 그런 세종의 깊은 사랑과 배려를 받으며 자신의 능력을 100퍼센트 발휘할 수 있었던 것이다.

합력하여 이룬 일, 가장 귀한 일

세종의 곁에는 한 팀이라고 말해도 좋을 만큼 여러 사람들이 함께 모여 과학 혁명적 물건들을 만들어냈다. 갑인자甲寅字, 혼천의渾天儀, 물시계, 해시계, 측우기測雨器, 간의대簡儀臺 등 주옥같은 각종 기구들이 만들어질 때는 정초, 정인지, 이순지, 김담, 이천 그리고 장영실 등이 늘 함께였다. 어느 인물이 이론과 원리를 공부하고 설명하면, 누구는 수치를 계산해 그 기반을 마련하고, 어떤 사람은 현장에서 이 기계를 만드는 일을 감독하는 한편, 또 다른 누구는 실제 이 기계의 부속을 만들고 직접 조립하는 등의 일을 했다. 이중에 장영실은 주로 기계들을 제작하는 실무를 맡았다.

세종은 특별히 장영실의 솜씨를 마음에 들어 했다. 세종 15년 (1433) 9월 16일 기사에 "이제 자격궁루自擊宮漏를 만들었는데 비록 나의 가르침을 받아서 했지만, 만약 이 사람이 없었다면 아무리 해도 만들어내지 못했을 것이다. 내가 들으니 원나라 순제順帝 때 저절로 치는 물시계가 있었다 하나, 만듦새의 정교함이 아마도 장영실의 정밀함에는 미치지 못했을 것이다"라며 세종이 장영실의 솜씨를 특별히 칭찬하는 대목이 있다. 장영실은 팀으로 일하되 매우 정교한 솜씨를 발휘하여 실제 물건을 만들어내는 솜씨를 갖추고 있었던 것이다.

자격루自擊漏는 간단히 말해서 물시계다. 중국 송나라, 원나라 시대의 시계와 당시 중국에 전해진 아리비아 물시계 등에 관해서까지 샅샅이 정보를 찾아 연구한 끝에 우리만의 독창적이고도 발전된 형태로 물시계를 만든 것이다. 이 기계는 이렇게 돌아간다. 큰 물통에서 나온 물이 작은 물통을 거쳐 물받이통으로 들어가는데, 이 통의 수면이 일정하게 상승하면 타종장치가 움직이는 구조로 되어 있다. 자동적으로 종과 북과 징을 쳐서 시간과 분을 알리는 자명종시계다. 16세기 서양 선교사 마테오리치Matteo Ricci가 중국에 들어가 황제에게 자명종시계를 선물하자 황제가 매우 신기해하고 기뻐하며 그의 활동을 적극 도와주었다. 자격루가 만들어져 자명종을 울린 것은 이보다 150여 년 전의 일이다. 물론 휴대할 수 있

자격루自擊漏 조선 세종 16년(1434)에 장영실, 김빈 등이 왕명을 받아 만든 자명종 물시계로, 큰 물통에서 나온 물이 작은 물통을 거쳐 물받이통으로 들어갈 때 이 통의 수면이 일정하게 상승하면서 타종장치가 움직이는 구조로 되어 있다. 국보 제229호다.

을 만큼 작거나 간단하지는 않았으나 자격루의 제작과 사용이 이렇게 이른 시기에 이루어졌다는 것을 고려하여 그 가치를 생각해 볼 만하다.

2007년 말 신문과 방송에서 자격루의 이름이 떠들썩하게 거론된 적이 있다. 어느 대학 연구소와 국가 기관이 합동으로 오랫동안 연구한 끝에 이 자격루를 복원한 것이다. 그간 물건으로만 존재하던 것에 실제 물이 흐르며 움직이고 그 움직임 끝에 종이 울리는 모습에 수많은 사람들이 감개무량해했다. 저 세종이 기뻐하며, 저 학자들과 장영실이 기뻐하던 당시의 모습이 떠오르는 것만 같았다. 저 사람들은 갔으되 그들이 만든 기계는 남아 역사의 흐름을 말하고 그 연결을 증언하니 참 뜻 깊은 일이 아닌가.

세종 15년(1433) 장영실은 자격루를 만든 공으로 정4품 호군에 올랐다. 노비가 미관말직에 오르는 것조차도 있을 수 없는 일인데, 정4품 벼슬이라니 당시로서는 상상도 할 수 없는 파격적인 대우였다. 개인으로서도 더 원이 없을 만큼 충분한 성취였을 것이다. 봉건사회에서 노비는 사람도 아닌 물건이라, 주인이 그 생명조차 마음대로 할 수 있었다는 것을 생각해보라. 계급 차이가 확연히 드러나는 현대 군대 조직으로 말하면 정4품은 대령 정도의 위치다. 일반 병사도 아니고 군대의 소모품 중 하나와 대령의 위치를 비교하면 당시 장영실의 변화가 어느 정도인지 상상할 수 있을 것이다.

하지만 장영실의 도전은 여기서 끝나지 않았다. 자격루라는 물시계를 만들었으나 이것은 그저 시간의 흐름만을 알려주는 것이다. 사계절에 따른 하늘 우주의 변화도 보여주고 절기의 변화에 따른 기후 변화도 보고 농사짓는 백성들의 움직임도 보여줄 수는 없을까? 고심을 거듭한 끝에 장영실은 천체 운행을 관측하는 데 쓰는 혼천의와 물시계인 자격루의 원리를 합쳐 그만의 물시계인 옥루玉漏를 만들어냈다. 4년을 꼬박 들인 장영실의 피와 땀으로 이룬 이 기구는 세종 20년(1438)에 완성되었고 이를 설치하기 위해 흠경각欽敬閣을 지어 여기에 두었다.

흠경각이 완성되자 세종은 기뻐하며 우승지 김돈金墩(1385~1440년)에게 기문記文을 짓게 했는데, 이를 통해 옥루의 모양을 알 수 있다. 다소 길지만 의미가 있으므로 머릿속으로 그 모양을 떠올리며 읽어보면 좋을 것이다.

풀[糊] 먹인 종이로 일곱 자 높이의 산을 만들어 집 복판에 설치하고, 그 산 안에다 옥루기玉漏機 바퀴를 설치하여 물로써 쳐올리도록 하였다. 금으로 해를 만들었는데 그 크기는 탄알만 하다. 오색구름이 둘러서 산허리 위를 지나도록 되었는데, 하루에 한 번씩 돌아서 낮에는 산 밖에 나타나고 밤에는 산 속에 들어가며, 비스듬한 형세가 천행에 준하였고, 극의 멀고 가까운 거리와 돋고 지는 분수가 각각 절기를 따라서 하늘의 해와 더불어 합치하도록 되어 있다. 해 밑에는 옥으로 만든 여자 인형 넷이 손에 금 목탁을 잡고 구름을 타고,

동·서·남·북 사방에 각각 서 있어 인·묘·진시 초정初正에는 동쪽에 선 여자 인형이 매양 목탁을 치며, 사·오·미시 초정에는 남쪽에 선 여자 인형이 목탁을 치고, 서쪽과 북쪽에서도 모두 이렇게 한다. 밑에는 네 가지 귀신 모양을 만들어 각각 그 곁에 세웠는데 모두 산으로 향하여 섰으며, 인시가 되면 청룡신靑龍神이 북쪽으로 향하고, 묘시에는 동쪽으로 향하며, 진시에는 남쪽으로 향하고, 사시에는 돌아서 서쪽으로 향하는 동시에 주작신朱雀神이 동쪽으로 향하는데, 차례로 방위를 향하는 것은 청룡이 하는 것과 같으며 다른 것도 모두 이와 같다.

산 남쪽 기슭에는 높은 축대築臺가 있어 시간을 맡은 인형 하나가 붉은 비단옷 차림으로 산을 등지고 섰으며, 인형 무사 셋은 모두 갑옷 차림인데 하나는 종과 방망이를 잡고 서쪽을 향해 동쪽에 섰고, 하나는 북과 부채를 잡고 동쪽을 향해 서쪽에서 약간 북쪽으로 가까운 곳에 섰고, 하나는 징[鉦]과 채를 잡고 동쪽을 향해 서쪽에서 약간 남쪽으로 가까운 곳에 서 있다. 매양 시간이 되면 시간을 맡은 인형이 종 치는 인형을 돌아보고, 종 치는 인형 또한 시간을 맡은 인형을 돌아보면서 종을 치게 되며, 매경每更에는 북과 부채를 잡은 인형이 북을 치고, 매점에는 징과 채를 잡은 인형은 징을 치는데, 서로 돌아보는 것은 종 치는 인형과 같으며, 경·점마다 북 치고 징 치는 수효는 모두 보통 시행하는 법과 같다.

또 산 밑 평지에는 열두 방위를 맡은 신들이 각각 제자리에 엎드려 있고, 열두 방위 신 뒤에는 각각 구멍이 있어 상시에는 닫혀 있다가 자시子時가 되면 쥐 모양으로 만든 신 뒤의 구멍이 저절로 열리면서 인형 옥녀玉女가 자시패를 가지고 나오며, 쥐 모양으로 만든 신은 그 앞에 일어선다. 자시가 다 가면 옥녀가 되돌아서 구멍에 들어가는 동시에 구멍이 저절로 닫히고 쥐 모양의 신도 제 위치에 도로 엎드린다. 축시가 되면 소 모양으로 만든 신 뒤의 구멍이 저절로 열리면서 옥녀가 또한 나오며 소 모양의 신도 일어나는데, 열두 시간이 모두 이렇게 되어 있다. 오방위午方位 앞에도 축대가 있으며 축대 위에는 기울어진 그릇을 놓았고 그릇 북쪽에는 인형 관원이 있어 쇠로 만든 병을 가지고 물을 따르는 형상인데, 누수 남은 물을 이용하여 끊임없이 흐르며, 그릇이 비면 기울고 반쯤 차면 반듯해지며 가득 차면 엎어져서 모두 옛말과 같이 되어 있다. 또 산 동쪽에는 봄 3개월 경치를 만들었고, 남쪽에는 여름 경치를 꾸몄으며, 가을과 겨울 경치 또한 만들어져 있다.

십이지신 모양, 북 치는 인형, 종 치는 인형, 옥녀 등이 때에 따라 움직이며 나오고 종을 치는 모양을 상상해보라. 오늘날같이 기술이 발달하지도 않은 때에 이 모든 것이 완전 자동으로 움직이고, 항아리에 물이 차는 것에 따라 하늘 도수의 차고 비는 모양이 나타난다. 이를 통해 백성들이 때에 따라 농사짓는 모습을 그려볼 수 있게 되었으니 "마치 귀신이 시키는 듯하여 보는 사람마다 놀라고 이상하게 여겨서 그 연유를 측량하지 못하였다"는 김돈의 증언을 이해할 만하다.

김돈은 마지막으로 "임금께서 여기에 항상 접촉하고 생각을 깨우쳐서 밤낮으로 근심하는 뜻을 곁들였으니, 어찌 다만 성탕成湯의 목욕반沐浴盤과 무왕의 호유명戶牖銘과 같을 뿐이리오. 그 하늘을 본받고 때를 좇음에 흠경欽敬하는 뜻이 지극하며 백성을 사랑하고 농사를 중하게 여기시니, 어질고 후한 덕이 마땅히 주나라와 같이 아름답게 되어 무궁토록 전해질 것이다"라며 찬사하는 것으로 글을 마무리지었다. 찬사를 하였으되 실상은 이것을 항상 보면서 농사 짓고 사는 백성의 어려움을 생각하며 어진 정치를 하라는 주문임을 알 수 있다.

임진왜란 등 전란을 거치며 불에 타버려 이것의 실제 모습을 볼 수는 없다. 하지만 그 모습을 그려보면서, 또 김돈의 기문을 보면서 우리는 새삼 장영실의 공을 다시 생각하게 된다. 그는 기구 자체를 발명하는 데 그치지 않고 이를 통해 임금이 왕궁에 앉아서도 백성의 삶을 눈앞에서 보듯 할 수 있게 한 것이다. 그저 열심히 일한 '장이'로서가 아니라 장영실의 공이 새롭게 조명받아야 할 이유가 여기에 있다. 장영실 등 여러 신하들이 그 모든 것을 통해 세종을 바로 보필했고, 그 덕에 세종은 끝내 성군으로 좋은 정치를 펼칠 수 있었다.

장영실의 활약은 이런 일뿐만 아니라 종횡무진 이어졌다. 세종

규표圭表 그림자의 길이로 태양의 고도와 출몰을 측정하는 기구다.

갑인자甲寅字 조선 세종 16년(1434) 갑인년에
만든 구리활자다. 이천, 김돈, 장영실 등이
왕명으로 『효순사실孝順事實』, 『논어論語』 등
을 글자본으로 하여 만들었다.

14년(1432)에는 간의대*를 만들었고, 세종 16년(1434)에는 혼천의와 구리활자 갑인자를 만들었으며, 세종 23년(1441)에는 세계 최초의 우량계인 측우기**를 발명하여 실용화했다. 그밖에 휴대용 해시계와 태양의 고도와 출몰을 측정하는 규표圭表 등 그가 만들어낸 것들은 이루 다 헤아리기 어렵다. 그러는 동안 벼슬도 높아져 정4품 벼슬을 받은 지 4년 만에 종3품 대호군 자리에까지 올랐다.

세종은 장영실에게 국가적으로 특별하고 대단한 발명품을 만들어내는 일만 시킨 것이 아니었다. 자잘하고 사사로운 온갖 일에까지 그를 보내어 처리하게 했다. 그래서 각종 명령에 그의 이름이 등장한다. 세종 7년(1425) 4월 18일에는 세종이 장영실을 평양에 보내 크고 작은 크기의 석등잔을 만들어 오게 하는 이야기가 나온다. 세종 19년(1437) 7월 6일자 기사에는 세종이 여진족에게 붙잡

---

* 경복궁 경회루 북쪽에 석축으로 설치한 천문관측대다. 이곳에 두 추의 운동으로 움직이는 시계장치와 여러 개의 톱니바퀴를 연결하여 돌리는 천체관측 기구인 혼천의 등을 두었다. 혼천의는 고려대학교 박물관 등 몇몇 곳에서 볼 수 있는데, 태양 등 여러 행성과 항성의 이동 궤도를 보여주는 둥근 원이 몇 개 연결되어 있는 모양이라고 생각하면 쉽게 상상이 갈 것이다. 세종 15년(1433) 8월 11일자 실록 기사에는 왕과 세자가 매일 간의대에 와서 그곳 신하들과 함께 해와 달과 별을 관측하고 그 제도를 논했다고 기록되어 있다.
* * 세종 23년(1441)에 발명하여 사용한 세계 최초의 우량계다. 로마에서 이탈리아의 B. 가스텔리Gastelli가 측우기로 강우량을 관측한 것이 1639년이며, 이것이 서양에서 강우량을 관측한 가장 이른 시도라는 점을 생각하면 우리나라 측우기가 얼마나 뜻 깊은 발명품인지 알 수 있다. 『연려실기술』 별집 15권 「천문전고」의 '의상儀象'조에는 "구리를 녹여 그릇을 만들어 '측우'라고 이름하였는데, 길이는 1척 5촌이며 둘레는 7촌이다. 대를 서운관에 쌓아놓고 그릇을 그 위에 설치하여 비 온 뒤에는 항상 서운관의 관원들로 하여금 주척으로 물 깊이의 분촌을 측량하여 알리게 하고, 측우기 제도와 주척의 식을 모든 도에 발표하여 여러 읍에 각각 하나씩 만들게 하여 객사의 뜰 가운데 두고, 비 온 뒤에는 항상 고을 원이 친히 물 깊이의 분촌을 관찰하여 아뢰게 하였다"라고 기록되어 있다.

간의대簡儀臺 경복궁 경회루 북쪽에 석축으로 설치한 천문관측대로, 세종이 세자와 함께 매일 간의대에 와서 그곳 신하들과 함께 해와 달과 별을 관측하고 그 제도를 논했다고 실록에 기록되어 있다.

「서운관도」 조선시대에 천문·재상災祥·역일曆日·추택推擇 따위의 일을 맡아보던 관아인 서운관書雲觀(이후 관상감觀象監으로 개칭) 관원들이 혼천의를 살펴보는 모습을 담았다.

측우기測雨器 조선 세종 23년(1441)에 만든 세계 최초의 우량계로, 서울뿐만 아니라 각 지방에도 설치하여 강수량을 측정했다.

혀 있다가 조선으로 탈출한 중국인 김새의 금은제련 기술이 뛰어
난 것을 알고 장영실에게 그 기술을 전수받으라고 지시하는 대목
도 있다. 세종 20년(1438) 9월 15일자 기사에는 장영실이 경상도 채
방 별감이 되어 창원·울산·영해·청송·의성 등에 있는 동철과 안
강현의 연철을 채굴해 바쳤다는 기사까지 나온다. 이덕무李德懋
(1741~1793년)의 『아정유고雅亭遺稿』에 의하면 세종이 장영실에게 엽
전을 주조하게 하여 얼마간 사용한 것이 우리나라 화폐의 시작이
기도 하다. 장영실이 세종 곁에서 그의 수족 역할을 하며 모든 것
을 다 해주었으며, 세종 역시 그를 매우 신뢰하여 매사에 그를 가
까이했음이 드러나는 대목이다.

서거정徐居正(1420~1488년)의 『필원잡기筆苑雜記』에 다음과 같은
기록이 나온다.

세종은 자격루·간의대·흠경각·앙부일구仰釜日晷 등을 제작하였는
데, 만든 것이 매우 정교하였으며, 모두가 왕의 뜻에서 나온 것이었

조선통보 조선 세종 5년(1423)에 쇠로 만든 엽전이다. 세종
의 명으로 장영실이 만들었다.

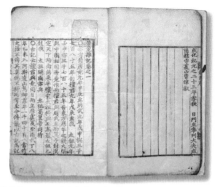

『필원잡기筆苑雜記』 서거정이 고대로부터 전하는 일화나 한담閑談을 가려 모은 수필 문학집으로, 세종이 장영실의 기묘한 솜씨에 매우 흡족해하며 그를 매우 소중히 여겼다는 이야기가 기록되어 있다. (국립중앙도서관 소장)

다. 비록 여러 공인들이 있었으나 임금의 뜻을 맞추는 이가 없더니, 호군 장영실만은 임금의 지혜를 받들어 기묘한 솜씨를 다하여 부합되지 않음이 없었으므로 임금이 매우 소중히 여겼다. 사람들이 모두 말하기를 "박연과 장영실은 모두 우리 세종의 훌륭한 제작을 위하여 시대에 응해서 태어난 인물이다" 하였다.

자신의 음악적인 능력을 발휘하여 국가 음악을 정제하고 각종 악기를 발명한 박연과 자격루 등 온갖 기구들을 세종의 아이디어대로 현실화한 장영실, 이 두 사람은 '세종을 위하여 태어난 인물'이라고까지 했다. 세종에게 장영실이 어떤 인물이었는지, 그가 세종의 옆에서 어떤 역할을 했는지 참으로 잘 요약한 말이다.

속절없이 퇴출되었을지라도

『교수잡사攪睡襍史』라는 야담집이 있다. 굳이 해석하면 '졸음을 물리치는 온갖 이야기' 정도로 풀 수 있다. 여기에 담긴 이야기는 모두 웃자고 하는 이야기지만 그 시대까지 전해지는 것들 중에 뽑았으니 이를 통해 당대 사회를 볼 수 있는 일면이 있다. 그중에 이런 이야기가 있다.

어느 재상의 서자가 있었다. 풍채도 좋고 재능도 많았지만 첩의 아들이라는 신분적 한계 때문에 문과에는 응시하지 못하고 무과에 응시해 급제했다. 하지만 첫 벼슬 이후 오랫동안 승진이 되지 않아 늘 한탄했다. 어느 날 그가 당시 병조판서를 만날 일이 있어 그 집에 갔다. 잠깐 기다리는 중에 한 계집종이 서너 살 되어 보이는 아이를 안고 가는 것을 보고 물었다.

"누구의 아이인가?"

"대감의 아이입니다."

"대감께 아드님이 있다는 말은 듣지 못했는데⋯⋯."

"별방別房에서 낳은 아이입니다."

"아, 그래? 내가 한번 보아도 될까?"

종에게서 아이를 받은 그는 아이가 잘생겼다고 칭찬하며 어루만지다 갑자기 한숨을 내쉬더니 아이를 뜰에 던져버렸다. 집에서 난리가 났다. 아이는 숨이 막혀 캑캑대고 급히 다른 이들이 와서 아이를 구하는 중에 판서가 이 소란을 알게 되었다.

"무슨 일이냐?"

"어느 미친 무관 하나가 아기를 마당에 내동댕이쳤습니다."

화난 판서가 그를 불러 꾸짖으니 그는 옷매무새를 가다듬고 이렇게 말했다.

"이 아이는 대감의 천생賤生이라더군요. 커봐야 아버지를 아버지라 부르지도 못하니 인간이지만 짐승보다 못한 존재가 됩니다. 관중이나 제갈공명 같은 능력이 있어도 세상에서 쓰일 곳이 없습니다. 그런데 아이가 이렇게 잘생겼으니 어찌 절통하지 않겠습니까. 대감께서는 소인의 아버님이신 대감님보다 위치가 더 낮으시니 이 아이가 비록 훤칠하게 생겼더라도 결코 소인보다 낫지 못할 것입니다. 소인은 한 글자도 모르는 무식한 놈이 아니요 몸에 온갖 지식과 재능을 갖추었으나 첫 벼슬을 한 후 제자리에 머문 채 불우하기만 합니다. 오히려 시골의 아무 내력 없는 이들보다 못한 존재가 되었습니다. 이 아이가 비록 재주가 있어도 저 같은 처지가 될 것입니다. 잘생긴 아이를 보니 원통하기도 하고, 저 아이의 평생이 불쌍하기도 하여 아이를 던져 죽이려고 했습니다. 이제 소인을 즉시 죽여주십시오."

"……."

그의 말을 들은 판서는 노여움을 거두었고, 그 인물이 녹록지 않음을 알고 그가 승진할 수 있도록 지속적으로 노력했다고 한다.

아이가 평생 겪을 일을 생각하며 차라리 그 아이를 위해 죽게 해주어야겠다고 생각할 만큼 조선이라는 사회에서 신분의 한계는 견고한 벽이었다. 그 아이를 뜰에 던질 때 그 무관은 자신을 던져 스스로 죽고 싶은 심정이었을 것이다. 이런 신분의 벽은 조선 초기나 말기나 크게 다르지 않았다.

이 이야기를 보면서 느끼는 것과 비슷한 벽을 장영실이 역사의 뒷면으로 사라지는 장면에서 느끼게 된다. 그래서 더욱 짙은 아쉬움이 든다. 그 사연은 이렇다.

『세종실록』 24년(1442) 3월 16일자에 "대호군 장영실이 안여安輿(가마)를 감조監造하였는데, 견실하지 못하여 부러지고 허물어졌으므로 의금부에 내려 국문하게 하였다"라는 짧은 기사가 나온다. 장영실이 왕의 가마를 만드는 일의 감독을 맡았는데 가마가 부서지자 그 책임을 물어 장영실을 의금부로 잡아갔다는 것이다. 왕이 다쳤다거나 하는 이야기가 전혀 없는 것으로 보아 실제 세종이 이것을 타기 전 시험 과정에서 가마가 부서진 것으로 보인다. 어쨌든 세종이나 다른 벼슬아치들이 그 후 어떻게 했는지 전혀 언급이 없다가 4월 27일자 기사에 가서야 다시 장영실 관련 내용이 보인다.

대호군 장영실이 안여를 감독하여 제조함에 삼가 견고하게 만들지 아니하여 부러지고 부서지게 하였으니, 형률에 의거하면 곤장 백 대를 처야 될 것이며, 선공 직장 임효돈任孝敦과 녹사 최효남崔孝男도 안

여를 감독하여 제조하면서 장식한 쇠가 또한 견고하게 하지 아니했으며, 대호군 조순생趙順生은 안여가 견고하지 않은 것을 보고 장영실에게 이르기를 "반드시 부러지거나 부서지지 않을 것이오"라고 하였으니, 모두 형률에 의거하면 곤장 80대를 쳐야 될 것입니다.

의금부에서 장영실의 죄가 곤장 백 대에 해당한다고 아뢴 것이다. 장영실이 세계사에 남을 만한 위대한 발명품을 많이 만든 사람임을 생각한다면 그깟 가마 하나를 제대로 만들지 못했을까 하는 의구심이 든다. 그런데 그토록 장영실을 아끼던 임금 세종은 이때

장영실 동상 조선 초기 국가의 기틀을 튼튼히 한 세종의 뜻은 '세종을 위해 태어난 인물'이라고까지 할 수 있는 장영실을 통해 펼쳐질 수 있었다. 충청남도 천안아산역 앞에 있다.

에는 가만히 있었다. 다만 장영실에게는 2등을 감형하고, 임효돈과 최효남에게는 1등을 감형하며, 조순생은 처벌하지 않도록 명을 내리는 데 그쳤다.

그 뒤 5월 3일자 기사가 장영실에 관한 마지막 기록이다. 세종은 아무래도 장영실 등의 처벌이 마음에 걸렸던지 재상 황희黃喜와 몇몇 사람에게 그 일을 의논한다. 그 결과는 이러했다.

이 사람들의 죄는 불경不敬에 관계되니 마땅히 직첩職牒을 회수하고 곤장을 집행하여 그 나머지 사람들을 징계해야 될 것입니다.

결국 장영실은 불경죄를 받아 직첩을 빼앗기고 곤장 80대를 맞고 파직되었다. 그리고 이후 어느 기록에서도 장영실의 이름은 보이지 않는다.

그간의 세종의 배려와 장영실의 재주 등을 고려해볼 때 장영실의 사라짐은 석연치 않은 구석이 많다. 노비가 종3품 벼슬에 오르기까지, 그리고 문신 중심 사회에서 한낱 기술자가 그 높은 벼슬에 오르기까지 했으니 그사이 받았을 질시와 비난은 이루 다 말할 수 없을 것이다. 그리고 그 비난은 비난에서 그치지 않았을 것이며, 또 한때 일고 말지 않았으리라는 것을 생각해보면 아무래도 장영실의 사라짐에는 상당히 복잡한 권력의 메커니즘이 있었을 것이다. 하지만 역사 기록은 그 이상의 무엇도 알려주지 않는다.

시간이 흐르면 역사는 다시 평가된다. 당대 권력자들에 의해 왜곡된 것들이 시간이 지나면서 밝혀지게 마련이다. 장영실이 사라진 후 나온 역사 기록이나 인물 평가물 어느 곳에서도 장영실이 불경을 저질렀다거나 위인이 음흉했다거나 하는 내용은 찾아볼 수 없다. 오직 그의 업적을 기리고 그를 통해 세종의 뜻이 펼쳐질 수 있었다는 내용뿐이다. 한순간 어처구니없이 사라져버린 안타까운 사람이지만 그 후 두고두고, 그리고 지금까지도 사람들은 그를 기억하고 안타까이 여기며 그 업적을 높이 평가한다.

기생의 소생일지라도 그 솜씨가 뛰어나니 그를 아낀다는 세종처럼, 한순간에 어이없이 사라졌을지라도 그 모든 삶과 업적이 그를 말해주니 우리는 그를 아낀다. 그래서 장영실의 이름을 단 학교도, 회사도, 상도 다투어 생겨나고, 그 상을 받거나 그 학교에 입학하는 것을 목표로 하는 수많은 사람들이 생겨난다. 그는 죽었지만 죽음 이후 날마다 더 커지며 새 인생을 사는 한 사람임에 틀림없다.

양반들 중에서도 상당수가 상례를 어떻게 해야

하는지, 상복은 어떻게 지어야 하는지 등을 알

지 못했다. 그러나 조상과 부모에 대한 효도, 윗

사람에 대한 충성 등을 절대 가치로 여기는 유

교적인 양반 사대부들이 상례를 함부로 할 수는

없는 법이었다. 그리하여 예학禮學에 밝아 대신

상장례喪葬禮를 주관해주는 사람이 필요하게 되

었다. 임진왜란을 전후한 시기와 그 이후에 여

러 양반 사대부들 집안의 상례를 도맡아 처리한

사람이 바로 유희경이다.

실력에 겸손함까지 갖추었으니
인정한다

한 사람이 있었다. 노비의 아들로 태어났다. 어린 나이에 아버지가 돌아가셨고, 어머니는 지나치게 슬퍼하다 똥오줌을 받아내야 하는 환자가 되었다. 홀로 일어나 아버지의 주검을 묻기 위해 묘를 쓰려고 했지만, 가까운 곳에 집안 어르신의 묘가 있는 권세가의 종들이 못 하게 했다. 우여곡절 끝에 간신히 아버지의 무덤을 썼으나 의지할 데 없는 천한 고아가 되었다. 그의 이름은 유희경劉希慶(1545~1636년)이다.

하지만 그의 삶에는 후반전이 있었다. 그는 전반전의 상황과 다른 새로운 제2의 삶을 살았다. 그래서 인생은 재미있다.

조선 말기에는 신분상의 혼란이 극에 달하여 돈으로 족보를 사서 양반 행세를 하기가 비교적 쉬웠다. 하지만 그 시절보다 훨씬 전인 조선 중기의 상황은 달랐다. 태어날 때의 신분은 평생을 따라다니며 절대 풀리지 않는 족쇄가 되었다. 유희경은 이런 때에 노비의 아들로 태어나 거듭 승차한 끝에 한성부판윤, 오늘날로 말하면 서울시장에까지 추증되었다.

그는 모두 다섯 번에 걸쳐 벼슬을 받고 승진했다. 그때마다 수많은 선비들이 그것을 인정하고 받아들이며 축하했다. 반상의 구별이 심한 사회에서 양반은 당연히 다른 계층이 자신들의 영역인 벼슬자리에 오르는 것을 필사적으로 막으려 했는데, 유독 그에게만은 그렇지 않았다. 그 이유가 무엇일까?

양예수는 뒷문으로
유희경은 앞문으로

사람은 누구나 태어나고 자라 성인이 되고 대체로 결혼을 하여 자식을 낳아 키우면서 살다가 죽는다. 죽은 후에는 그 자식이 돌아가신 부모나 조상의 제사를 지내면서 세상에 왔다 간 이를 기린다. 이런 인생의 여러 중요한 일은 생일, 출산 등의 이름으로도 부르지만 한마디로 관례冠禮, 혼례婚禮, 상례喪禮, 제례祭禮라는 네 의례에 포괄된다. 유교 이념에 따라 나라를 다스리고 사고 역시 그런 패러다임을 기준으로 했던 조선시대 선비들은 이런 의례를 함부로 하지 않고 정해진 규범과 전례에 맞게 하고자 했다. 조선시대 왕실은 주로『국조오례의國朝五禮儀』의 규범을 따르고, 사대부와 일반 백성들은 주로『주자가례朱子家禮』를 기준으로 의례를 행했다.

『주자가례』는 주자가 다양한 중국 고전 예서를 모아 여러 학자들의 학설을 종합적으로 이해하고 재해석하여 서술한 것이므로, 이 책을 완전히 이해하기 위해서는 고금의 방대한 중국 예서를 모두 이해하고 있어야 한다. 그러나 이것은 현실적으로 어려운 일이기 때문에 사대부라고 하여도 『주자가례』의 내용을 잘 모르고 제대로 적용하지 못하는 경우가 많았다. 이 문제를 해결하기 위하여 조정에서는 여러 차례 『주자가례』에 대한 주석 작업, 언해 작업을 시도했으나 번번이 적임자가 없어서 일을 이루지 못했다.

조선 사람들의 경우 상례보다는 제례가 자주 있었기 때문에 후자에 대한 관심이 컸다. 15세기에서 16세기 중반까지의 예서들이 주로 집안에서의 제사 의례를 설명한 제례서인 것은 바로 이 때문이다. 그러다가 16세기 후반에 이르러 성리학에 대한 이해가 심화되고, 예에 대한 관심의 영역도 넓어져 점차 상례에 대한 본격적인 고찰도 서서히 이루어졌다. 특히 선조 즉위 후 사림이 정치의 주도적인 세력이 되면서 예를 개인이나 향촌 차원이 아니라 국가적인 차원에서 강조하며 다루게 되었다. 세상이 복잡해지고 예상하지 못한 상황이 많이 생기다 보니 각종 의례서에 규정되어 있지 않은 사항들이 일어났다. 이런 것들을 두고 논란이 생겨 마침내 정치적인 세력다툼으로 이어지기까지 했다.

상촌象村 신흠申欽(1566~1628년)은 「상례비요발喪禮備要跋」*에서 이렇게 말했다.

살아 계시는 분을 봉양하는 것을 큰일이라 할 수 없고 죽은 분을 잘 보내는 것만이 큰일이라 할 수 있으므로 군자는 이 일에 반드시 정성을 다하여 후회가 없게 해야 할 것이다. 그러나 미리 강구해놓지 않으면 성심껏 하여 사랑과 공경을 다할 수 없을 것이다. 주부자朱夫子의 『가례家禮』는 진실로 예가禮家들의 법으로, 우리 동방에서는 더욱 존숭하고 있다. 그러나 돌아보건대, 고금에 따라 사리가 다르니 부득불 적당히 가감해야 할 것이 있고, 지방 풍속에 따라 다르게 쓰고 있으니 부득불 변통해야 할 것이 있다.

요즘에는 '돌아가신 후 잘하면 뭐 하느냐 살아 계실 때 잘하자'고 말하는 것이 일반적이고 대부분 그 말에 동의하지만, 조선같이 예와 법도를 중시하는 국가는 그렇지 않았음을 이 글에서 볼 수 있다. 살아 계신 분을 봉양하는 것보다 죽은 분을 잘 보내드리는 것이 큰일이라는 언술이 이것을 단적으로 보여준다. 하지만 이어지는 그의 말대로 상례란 절차가 복잡하여 미리 잘 익혀두거나 방법을 생각해 준비해두지 않으면 갑자기 일이 닥쳤을 때 어떻게 할 수조차 없다. 신흠은 당시 주로 사용하는 『주자가례』의 내용이 우리와는 맞지 않는다는 사실을 지적하고 인정했다. 그러니 당연히 우리 사정에 맞도록 빼거나 보태야 할 내용이 있다는 것이다.

---

* 조선 후기의 학자 신의경申義慶이 찬술한 『상례비요喪禮備要』 끝에 붙인 발문.

이런 문제점들을 종합하여 일관된 체계에서 서술하려는 노력들의 결과로 신의경申義慶(1557~1648년)의『상례비요喪禮備要』와 김성일金誠一(1538~1593년)의『상례고증喪禮考證』등 여러 책들이 나왔다.

하지만 여전히 상례는 백성은 물론 사대부들에게조차 힘든 의례였다. 주요 기준으로 삼는『주자가례』의 내용이 너무 어려워 이것을 제대로 이해하는 사람이 없었을 뿐만 아니라 이것에 대한 변변한 주석서도 없었기 때문이다.『선조실록宣祖實錄』38년(1605) 11월 계유癸酉 기사에『주자가례』에 대한 주석과 언해 작업을 실시하자는 논의가 거론되었으나 또다시 무산되었다는 기록이 있는 것으로 보아, 이때까지의 사정도 전과 크게 다르지 않았음을 알 수 있다. 양반들 중에서도 상당수가 상례를 어떻게 해야 하는지, 상복은 어떻게 지어야 하는지 등을 알지 못했다. 그러나 조상과 부모에 대한 효도, 윗사람에 대한 충성 등을 절대 가치로 여기는 유교적인 양반 사대부들이 상례를 함부로 할 수는 없는 법이었다. 그리하여 예학禮學에 밝아 대신 상장례喪葬禮를 주관해주는 사람이 필요하게 되었다. 임진왜란을 전후한 시기와 그 이후에 여러 양반 사대부들 집안의 상례를 도맡아 처리한 사람이 바로 유희경이다.

양반도 잘 모른다는 상례에 정통하여 각종 자문에 응하거나 유교 이데올로기에 맞게 일을 진행해준 유희경의 신분은 아이러니하게도 노비였다. 물론 유몽인柳夢寅(1559~1623년)의 「유희경전」 등 그에 관해 쓴 기록에서는 정확히 노비라고 지칭하지는 않지만 공통적으로 '미천微賤'한 신분이라는 한 단어만 썼다. 이는 곧 종의 신분을 표시할 때 쓰는 경우가 많으며, 또 그의 아버지 이름을 '업동'이라 한 것을 보아서도 그가 노비였음을 알 수 있다. 노비인 유희경이 어떻게 하여 상례전문가가 되었을까? 그것은 한 사람과의 만남을 통해서였다.

유희경의 나이 열세 살에 아버지의 상을 당했다. 어머니는 지나치게 슬퍼하여 얼마 후 몸져누웠으므로 어린 그가 주도하여 외가의 무덤 근처에 아버지를 묻기 위해 준비했다. 그러나 청원위 한공의 묘를 지키는 노비가 세력을 믿고 그를 쫓아내므로 유희경은 사헌부에 고소장을 내기까지 하여 결국 그곳에 아버지의 묘를 쓸 수 있었다. 아버지를 묻고는 무덤 옆에 초막을 짓고 3년 시묘살이를 하면서 매일 밤낮으로 단정히 앉아 곡하고, 몸소 흙을 등에 져다가 무덤에 오갈 계단을 만들었다. 매월 첫날과 보름에만 집으로 돌아와 신주 모신 상청에 제사를 지내고 어머니를 살필 뿐이었다. 그 소식이 온 마을에 퍼져 다들 칭찬했다. 이때 마침 수락산 선영에 다녀가던 동강東岡 남언경南彦經이 이 소문을 듣고는 그를 만나게 된다.

고려 왕조에 대한 의義를 내세우며 조선 건국과 함께 향리로 물러났던 사람들이 정치 일선에 다시 나오면서 조선 중기에는 예禮의 본질과 의의, 내용의 옳고 그름을 탐구하는 유학儒學의 한 분야인 예학에 대한 논의가 활발해졌다. 여러 학파 중 일찍부터 예학에 힘을 기울인 사람들은 주로 서경덕과 그 문하의 제자들인 장가순, 박지화, 민순, 남언경 등이었다. 특히 남언경은 예에 조예가 깊은 것으로 유명했을 뿐만 아니라 조선에 최초로 양명학陽明學을 수용한 인물로 알려져 있다.

남언경이 보니 유희경은 참으로 기특한 아이였다. 종의 집안에 그것도 어린 아이가 이렇게 하다니……. 남언경은 자신이 갖고 있던 두꺼운 옷 한 벌을 주고, 근처 망월암의 중을 불러 날마다 그에게 죽을 주고 그를 위해 초막을 지어주게 했다. 상을 마치고는 다시 불러들여 그에게 예에 관한 글을 가르치기까지 했다. 이렇게 해서 후일 노비 출신 상례전문가 유희경이 탄생하게 된 것이다.

예학으로 유명해지자 사대부가에서 상이 나면 반드시 유희경을 청하여 집례執禮하게 하니, 그때 세상에는 "양예수楊禮壽(?~1597년)는 뒷문으로 나가고 유희경은 앞문으로 들어간다"는 말이 유행했다. 양예수는 선조 때 활약한 유명한 의원이다. 사람이 죽었으니 의원인 양예수는 면목이 없고 대접도 받지 못하여 뒷문으로 살짝 빠져나갈 수밖에 없으나, 상례에 정통한 유희경은 장사를 주관하기 위해 영접을 받으며 앞문으로 들어간다는 말이다. 명실 공히 상례에는 그가 전문가가 되었음을 이런 유행어에서 확인할 수 있다. 심지어 상이 겹쳐 유희경을 직접 부를 수 없는 집에서는 종들을 보내어 그 옆에 붙어서 그의 지휘에 따라 상복을 만들고 그에게 자문하여 상례를 치르기까지 했다 하니 당대 그가 어떻게 여겨졌는지 알 수 있다.

　상례에 대한 전문성을 바탕으로 후에 그는 홍가신, 서인원, 허상, 안민학 등에게 『주자가례』를 가르쳤다. 유성룡柳成龍의 문인이자 예론에 밝아 예학파로 불린 우복愚伏 정경세鄭經世(1563~1633년)조차 상례에 대해 궁금한 내용을 그에게 물었으며, 그때마다 유희경이 자세히 설명해주었다고 하니 그의 실력이 어느 정도였는지 알 만하다. 유희경은 자신의 지식을 망라하여 『상례초喪禮抄』를 남겼으나 안타깝게도 이 책은 현재 전하지 않는다.

　비록 늙어서까지 사대부 집안의 부름에 따라 여러 집을 다니며 상복을 직접 만드는 일까지 해야 했으나, 유희경은 우리나라 예론에서, 특히 상례에 관한 예학의 흐름에서 빼놓을 수 없는 아주 큰 인물이 되었다.

다섯 차례나 받은 포상과 승차

노비였던 유희경은 아흔이 넘는 수를 누리는 동안 모두 다섯 번에 걸쳐 왕에게서 벼슬자리를 받는다. 노비가 벼슬을 받는다는 것 자체가 희귀한 일인데, 게다가 한 사람이 다섯 차례나 그럴 수 있었던 이유는 무엇일까?

　유희경이 처음 벼슬을 받은 것은 임진왜란 때다. 왜구가 갑작스럽게 침입하자 임금 선조는 급히 몽진을 떠나고 평소 그렇게 고상한 척, 잘난 척하던 양반들은 나 몰라라 도망치기 일쑤였다. 이때 유희경은 의병을 일으켜 활약하면서 명나라 원군을 돕는 역할을 했다. 선조는 "너 희경이 국가의 어려움을 맞아 의기로 의병을 일으켜서 적을 멸하고자 한다 하니 내가 이를 가상히 여기노라"하며 교지를 내려 포상했다.

유희경은 곧 두 번째 포상을 받는다. 임진왜란으로 중국 사신의 우리나라 왕래가 빈번하여 호조에서 그 비용을 감당하기 어려워지자 유희경에게 해결 방법을 물었다. 유희경은 사람들에게 큰 영향력을 미치는 호걸 몇 명을 추천하며 그들에게 도움을 청하게 한다. 결국 그 호걸들의 활약으로 여러 부녀자들이 자신들이 가진 반지까지 내놓아 비용을 감당할 수 있게 되었다. 이 공로로 유희경은 통정대부의 품계를 받았다.

조선시대는 평균 수명이 그리 길지 않던 때라 환갑만 넘겨도 사회적으로 어른 대접을 받았다. 그리고 그런 노인의 말은 비록 신분이 낮아도 어느 정도 존중하는 것이 사회적인 분위기였다. 유희경의 세 번째 승차는 이것과 관련이 있다.

유희경이 살던 시기는 한마디로 격동의 시기였다. 그는 임진왜란은 물론 병자호란이라는 큰 전쟁을 겪었고, 국내 정치적으로는 광해군의 폭정과 인조반정이라는 대사건을 온몸으로 겪었다. 그중 광해군 때의 일이다. 이이첨李爾瞻(1560~1623년) 무리가 인목대비를 폐하려 하면서 시정의 여러 나이 든 부로父老들을 협박하여 상소를 올리게 하고 이를 거부하는 자에게는 벌을 주거나 심지어 죽이기까지 했다. 이이첨 무리는, 나이가 많은 데다 효성과 임진왜란 때의 공로로 여러 사람에게 칭송받는 유희경을 가만두지 않았다. 유희경에게도 소를 올리도록 강요했으나 거절하자 이이첨 무리는 그를 감옥에 가두었다. 그러나 유희경은 한 달 넘게 갇혀 있으면서도 절개를 지키며 끝내 상소하기를 거부했다. 이때의 일이 『광해군일기光海君日記』 9년(1617) 12월 2일조에 자세히 실려 있다.

이이첨이 국권을 전횡하기 전부터 유희경은 그와 친분이 있었으나 이이첨의 행실을 보고 그의 문하에 발길을 끊었다. 그러다 우연히 길에서 마주쳤을 때 이이첨이 '발길을 끊은 것'을 힐난하자 "병드신 노모를 모시느라 겨를이 없었습니다" 하고 대답했을 뿐 이후로도 이이첨 무리에 대해 단호한 선긋기를 했다. 요즘 말로 하면 국가의 최대 실세와 친분이 돈독했으니, 이를 잘 이용하면 크게 될 수 있는 기회였음에도 나름의 충忠과 절節로 거절했으니 그야말로 심지가 굳은 사람임을 알 수 있다.

결국 인조반정이 일어나고 대신들이 유희경의 절개를 보고하니 임금은 다시 그의 품계를 올려주었고, 그를 향한 사대부들의 공경이 더욱 두터워졌다. 이후에는 나이 여든이 넘은 사람에게 벼슬을 내리는 전례에 따라 가의대부가 되었고, 또 아들 일민이 공신이 되면서 아버지인 유희경은 자헌대부 한성부판윤에 추증되기까지 했다.

노비였던 사람이 그저 벼슬 한 자리 얻는 것에서 그치지 않고 모두 다섯 차례에 걸쳐 벼슬을 얻고 승차하면서도 결코 다른 양반들에게 질시받거나 그들에게 배척당하지 않은 것은 무슨 이유에서일까?

크게 두 가지를 생각할 수 있을 듯하다. 하나는 유교 이데올로기와 관련한 선전효과다. 의병을 일으킨 것은 충忠이요, 아버지의 묘와 관련한 일은 효孝이며, 이이첨 무리의 회유를 거부한 일은 절節이다. '충·효·절'이야말로 유교 이데올로기에서 가장 높이는 가치다. 이것을 철저하게 지키며 실천한 노비 출신 유희경이야말로 그들 지배 이데올로기가 가장 잘 스며든 증인이었으며, 겉으로나마 노비에게조차 벼슬자리에 오르는 기회가 열려 있다는 것을 보여줄 수 있었기 때문이다.

그러나 그보다 더 중요한 것이 있다. 유몽인이 남긴 「유희경전」에서 그 답을 찾아볼 수 있다. 유몽인은 유희경을 장의동 이발의 집 근처에서 처음 만났다. 유희경이 시로 이름난 사람이라는 이야기를 들은 유몽인은 그 자리에서 바로 운을 불러주며 시를 지어보게 한다. 유몽인은 1559년생이니 유희경보다 15년 남짓이나 손아랫사람이다. 그럼에도 유희경은 공손하게 예의를 갖추어 시를 지어 바치며 유몽인에게 한결같이 깍듯하게 대한다. 유몽인은 유희경의 시를 인정하면서 "나는 유생의 사람됨이 단아하고 공손하고

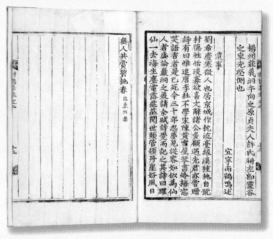

『촌은집村隱集』 유희경의 시집으로 책머리에 김창협과 이경전의 서문이 있
고, 이식이 쓴 발문跋文, 유몽인이 유희경에 대해 쓴 전傳, 김창흡이 쓴 묘
표墓表, 유희경이 여러 사대부들과 창수唱酬한 시 등이 함께 수록되어 있다.
(서울대학교 규장각 소장)

도 삼가는 데다 고례古禮에 환하고 시까지 잘 짓는 것을 기이하게 여겼다"라고 썼다. 여러 번 승차하고, 시로 널리 이름을 날리며, 그 없이는 상례를 이룰 수 없다고까지 했지만 유희경은 평생 동안 철저하게 겸손한 자세로 양반들 앞에서 삼가는 태도를 보였다. 실력 있는 사람은 인정해주기 마련이라지만, 이는 동일한 조건 아래에서나 가능한 일이지 유희경같이 신분상의 격차가 심한 경우에는 그렇게 하기가 거의 불가능하다. 철저하게 낮은 자세를 유지하고, 널리 인정받은 후에도 한결같이 상대를 겸손하게 대했기에, 양반 중 누구도 그를 배척하지 않고 인정한 것이다.

택당澤堂 이식李植(1584~1647년)도 「촌은 유희경의 시집에 쓴 짧은 글[村隱劉希慶詩集小引]」에서 유희경이 시정에서 어렵게 살아가는 사람이지만 시 짓는 것만 전문으로 하는 유생들보다 더 뛰어난 것은 '청허淸虛하고 욕심이 적어 가슴속에 더러운 찌꺼기가 남아 있지 않기 때문'이라고 평가했다.

유몽인이나 이식의 말은 결국 같은 것이다. 그가 실력을 갖춘 것은 사실인데, 그보다 먼저 인격 자체가 훌륭한 사람이라는 말이다. 어떻게든 남의 등을 치거나 남을 밟아서 출세하려는 사람이 아니라, 한두 번 벼슬을 받은 후 처음 모습을 잊어버린 사람이 아니라, 한결같이 깨끗하고 겸손한 사람이라는 것이다. 실력을 갖추기는 그나마 쉽지만 그 실력에 한결같은 겸손까지 갖추는 것은 어려운 일이다.

유희경을 이야기할 때 꼭 나오는 단어는 셋이다. 하나는 상례요, 다른 하나는 시를 짓는 서류庶流를 나타내는 풍월향도風月香徒이며, 마지막 하나는 매창梅窓이라는 이름으로 알려진 부안의 기생이다. 첫 번째 것은 앞서 이야기했으므로 뒤의 둘을 살펴보자.

조선은 반상의 구별이 뚜렷한 사회였고, 모든 면에서 양반 중심 사회였다. 특히 글은 양반의 전유물이었고, 그래서 글 짓는 것이 양반과 다른 이들을 구별하는 기준이라고까지 말할 정도였다. 글 중에서도 시를 짓는 것이 특히 그랬다. 그래서 양반의 첩 소생인 중인, 양반과 교류하는 기녀들 외에 시인은 보기 드문 존재였다. 물론 조선 후기에는 사정이 달라지지만 조선 초기나 중기에는 드물었다.

미천한 신분의 시인으로 조선 최초로 두각을 나타낸 인물은 세종조부터 중종조 사이에 살았던 홍유손洪裕孫(1431~1529년)이고, 선조와 광해군 대에 활동한 인물이 백대붕白大鵬(?~1592년)과 유희경이다. 홍유손은 그 이후에 맥이 끊기므로 본격적인 위항시인委巷詩人, 곧 양반이 아니라 일반 하층시인으로 활동한 첫 번째 그룹이 바로 백대붕과 유희경이다. 시를 읊는 것을 흔히 풍월風月을 읊는다고 한다. 양반이 아닌 서류를 일컫는 향도香徒와 풍월을 합쳐, 유희경이나 백대붕 등의 무리를 풍월향도라고 불렀다. 우리나라 위항문학사는 이 풍월향도에 대한 설명부터 시작하니 유희경이 시에서 차지하는 위치도 여기에서 알 수 있다.

보통 노비나 농민 등 선비 이외의 계층은 생업을 위하여 말 그대로 '일'을 하기 마련이다. 그러나 유희경은 그런 일에 종사하는 것을 과감히 포기하고 시작詩作 활동에만 매달린다. 그래서 경제적으로 어려운 생활을 하기도 했지만, 그가 포기하지 않고 열심히 시작활동을 했고 작품 세계도 뛰어났기에 오히려 생업에 종사하지 않는 태도를 고상하게 여기고 칭찬하는 양반들도 많았다.

다음에 인용하는 유희경의 시 「국화를 읊다[詠菊]」는 그의 성숙한 인간미를 엿볼 수 있는 작품이다.

생애가 냉담하여 다른 건 없고
빈 섬돌 아래 국화만이 있어라
꽃가지 잡고 저 달을 대하자니
나의 맑은 흥 도연명과 비슷하네
生涯冷澹無餘物 只有空階晚菊花 滿把寒香仍對月 吾家淸興似陶家

생애가 냉담하다는 표현에 지난 삶 동안 세상이 정한 한계 때문에 겪었을 온갖 아픔과 어려움이 담겨 있으나, 마당에 국화만 있다는 표현에서 그것을 이기고 마음을 안정시킨 성숙한 인간미가 엿보인다. 이런 설명이 아니라도, 조정 벼슬을 그만두고 고향에 돌아와 국화를 키우며 만년을 보냈다는 도연명과 자신을 비한다는 그 말에 이런 것들이 다 들어 있다. 유희경의 시는 매우 맑고 깨끗하다는 것이 당시 일반적인 평가였다. 홍만종洪萬宗(1643~1725년)은 『소화시평小華詩評』에서 그의 시를 '청절淸絶'하다고 했으니 그에 대한 평가가 대체로 일치했음을 알 수 있다.

유희경의 시를 한 편 더 살펴보자.

구름 밟으며 반공에 올랐더니
계수나무 가지에 향긋한 바람 이네
사미가 나를 권해 동대에 앉으라더니
웃으며 가리킨 것 떠오르는 붉은 해라
脚底雲生躡半空 桂枝踈影動香風 沙彌勸我東臺坐 笑指扶桑浴日紅

「소암의 유점사 시에 차운하여[次踈菴任公叔英楡岾寺韻]」라는 시다. 소암은 임숙영任叔英(1576~1623년)의 호로, 그는 당시에 글솜씨로 유명했다. 그가 「유점사楡岾寺」라는 시를 지으니 유희경이 그 시에 차운하여 지은 시가 바로 이것이다. 새벽녘 산에 오른 사람을 반기는 말 한마디 없이 가장 좋은 경치를 선물하고 싶어 슬쩍 좋은 자리를 권하고는 손가락을 들어 일출을 가리키는 모습이 눈에 그려지는 듯하다.

사실 임숙영과 유희경은 매우 가까이 지내면서 시를 지어 서로 보여주는 사이였다. 서로의 마음을 시로 보고 또 보여주며 가까이 지내던 중에 임숙영이 먼저 세상을 떠났다. 하지만 임숙영은 너무나 가난하게 살았기에 수의 한 벌 마련할 형편도 못 되었다. 유희경은 돌아간 벗을 슬퍼하며 선뜻 자신이 입던 옷을 벗어 염을 했다는 기록이 남아 있다.

　유희경은 자신의 집인 정업원淨業院* 근처 냇가에 정자를 짓고 이름을 침류대라 했다. 정업원은 본래 궁내에 있던 내불당內佛堂을 신하들의 반대 때문에 창덕궁 서쪽 지금의 자리로 옮겼으며, 순종 때 이곳 이름을 청룡사青龍寺로 고쳐 오늘에 이르고 있다. 단종의 비妃인 정순왕후定順王后 송씨 역시 이곳에서 한을 삭이며 팔십 평생을 살기도 한다. 지금 낙산駱山에서 숭인동 쪽으로 내려오는 산길에 있는 청룡사 바로 옆에 정업원 옛터를 알리는 비각이 있다.

---

* 지금의 서울시 종로구 숭인동 산 3번지에 있으며 서울시 유형문화재 제5호다. 전체 건물이 남아 있는 것은 아니고 '정업원구기淨業院舊基'라고 쓰인 비석과 그 비석을 보호하기 위해 세운 비각만 남아 있다. 지금의 청룡사 경내로 들어가서 이곳을 찾아가기는 어렵고, 오히려 정업원 담장을 돌며 도로에서 찾는 것이 더 쉽다. 비각 현판에는 '전봉후암어천만년前峯後巖扵千萬年'이라고 크게 쓰여 있고 그 옆에 조그마한 글씨로 '세신묘구월육일음체서歲辛卯九月六日飲涕書'라고 쓰여 있는데, 이 글씨와 비각 안 비석에 쓰인 글씨는 모두 영조의 친필이다. 해석하면 '앞산 뒷바위 천만 년을 가오리. 신묘년 9월 6일 눈물을 머금고 쓰다' 정도 된다. 단종의 비인 정순왕후는 단종이 폐위되어 강원도 영월에 유배된 후 이곳에 살면서 날마다 정업원 동편 산봉우리에 올라 단양 쪽을 바라보고 울면서 단종의 안위를 빌었다고 한다. 그래서 이 산봉우리를 '동망봉東望峰'이라 하며, 지금도 그렇게 부른다. 영조는 정순왕후의 정절을 기리며 '동망봉'이라는 세 글자를 바위에 새기게 했는데, 이 일대가 채석장이 되면서 글씨가 사라졌고 동망봉은 숭인공원으로 개발되어 주민들의 휴식공간으로 사용되고 있다.
정업원 옛터나 동망봉을 찾아가려면 동대문을 거쳐 낙산으로 가는 마을버스를 타면 된다. 지하철 6호선 창신역에서 내려 '동망봉터널' 윗길로 걸어가도 된다. 터널 바로 위가 정업원이며, 거리상 멀지도 않다.

정업원의 사연과는 상관없이 이곳 근처의 경치는 매우 뛰어났던 모양이다. 벼슬아치들 중에도 이곳 침류대에 와서 즐기며 시를 짓거나, 침류대 기문을 남긴 이들이 여럿이다.

지봉芝峰 이수광李睟光 (1563~1628년)은 「침류대기」라는 글을 남겼다. 그 글에 의하면 정업원 서쪽의 골짜기에서 흘러 내려오는 물에 꽃잎

정업원 구기비淨業院舊基碑 정업원 터에 세운 비석으로 서울 숭인동에 있다.

이 떠오르는 것을 보며 언젠가 한 번 그 골짜기에 가보리라 생각했으나 한동안 실행하지 못했다. 그러다 유희경의 안내를 받아 그곳을 방문하게 되었다. 이수광은 그곳의 경치를 이렇게 썼다.

백 보도 못 되어 오른쪽으로 도니 하나의 별세계가 펼쳐져 있었다. 그 거처에 흐르는 물이 아름다워 섬돌 위에 대를 지었는데, 물이 미치지 않는 곳이 거의 몇 자이니 그래서 이른바 '침류枕流'라고 한 것

이다. 대 위아래에 다른 꽃은 없고 냇물 주위를 끼고 수십 그루의 복숭아나무가 있다. 꽃잎이 져서 비단 물결에 춤추듯 내려오니 옛날 무릉도원이라는 것도 이보다 아름답지는 않으리라.

어느 어부가 배를 타고 가다가 길을 잃었는데 상류에서 복숭아 꽃잎이 떠내려 오는 것을 보고 거슬러 올라갔다가 거기에서 세상과 다른 별천지를 보았는데, 그곳 사람들은 진나라 때의 학정을 피해 온 사람들이라는 이야기는 널리 알려져 있다. 그 어부가 보았다는 별천지를 무릉도원이라 하며, 이것이 이후 동양에서는 세상과 다른 이상세계 유토피아를 지칭하는 대표적인 용어가 되었다. 또 아름다운 경치를 보면 복숭아꽃이 만발한 무릉도원의 세계라고 수식하는 전통도 이래서 생겨나게 되었다. 이수광의 묘사에 의하면 유희경이 꾸며놓은 침류대야말로 무릉도원 모습 그 자체였다. 이수광은 거듭 "무릉도원이라는 곳이 바로 여기에 있구나"라며 감탄했다.

겸산兼山 유재건劉在建(1793~1880년)은 『이향견문록里鄕見聞錄』에서 유희경의 삶을 말하는 중에 "공경대부들이 모두 침류대에 나와 시와 노래를 지어 서로 주고받으며 돌려보았다. 세상에서 말하는 『침류대시첩枕流臺試帖』이라는 것이 그것이다"라고 덧붙였다.

유희경의 침류대가 사대부들이 시를 읊고 나누는 좋은 장소가 된 것은 오직 장소가 좋아서만이 아니었다. 유희경의 글솜씨와 운치가 없었다면 그곳에서 노닐지 못했으리라. 조선 중기의 문인으로 글솜씨가 뛰어나고 글씨도 잘 쓴 박순朴淳(1523~1589년)은 특히 시에 뛰어나 당시唐詩에 정통하다고 평가받는 인물이다. 이 박순이 우연히 유희경의 시를 보고는 극찬하자 사람들은 그의 시를 더욱 높이 평가하기도 했다.

당시 전라도 부안에 매창梅窓(1573~1610년)이라는 유명한 기생이 있었다. 그의 자는 천향天香이고 호가 매창인데, 계생桂生·계랑桂娘이라는 명칭으로 여러 문인들의 글에 등장한다. 어느 해 유희경이 부안에 갔다가 매창을 만나게 되었다. 매창은 '한양의 시인'이라고 그를 소개받고 단번에 이렇게 물었다.

"한양의 시인이라시니, 유 씨와 백 씨 중 누구입니까?"

한양에서 한참이나 떨어진 시골인 부안에 사는 매창이 한양의 시인이라는 말에 단번에 유희경이냐 백대붕이냐 묻는 것을 보면, 당시 시인이라면 이 두 사람을 꼽았음을 알 수 있고, 또 그들의 소문이 전국에 널리 퍼져 있음을 알 수 있다.

매창을 만난 유희경은 시를 통해 그녀에게 인사를 건넨다.「계랑에게 주다[贈癸娘]」라는 시가 그의 문집에 실려 있다.

남쪽 산다는 계랑의 이름 익히 들었는데
그 문장과 노래 솜씨 한양에 진동터라
오늘사 서로 만나 진면목을 보고 나니

신녀가 삼청세계에 하강했나 의심될 정도

曾聞南國癸娘名 詩韻歌詞動洛城 今日相看眞面目 却疑神女下三淸

　　신선 세계에서 인간 세상에 내려온 선녀인 양 아름다운 매창의
모습과 그 솜씨에 한눈에 반해버린 유희경의 얼굴을 그려보라. 이
렇게 하여 만난 매창과 유희경. 나이 차는 30년에 가까웠으나 시라
는 매개가 있어서인지 두 사람은 깊은 사랑에 빠졌다. 그들이 어떻
게 사랑을 나누고, 또 얼마나 같이 지내다가 어떻게 헤어지게 되었
는지는 알 수 없다. 다만 1599년 이귀李貴(1557~1633년)가 부안 군수

매창梅窓 묘 기생 매창은 유희경을 만나 깊은 사랑에 빠졌고, 유희경과 이별한 후 그를 그리워하며 '이
화우 흩날릴 제~' 하는 유명한 시조를 남겼다. 전라북도 부안에 있으며, 전북기념물 제65호다.

로 와서 매창에게 관심을 두게 되면서 신분이 낮은 두 사람은 억지로 헤어질 수밖에 없었다는 이야기가 전해진다.

이화우梨花雨 훗날릴 제 울며 잡고 이별한 님
추풍낙엽秋風落葉에 저도 나를 생각는가
천리에 외로운 꿈만 오락가락 하돗다

이 시조는 널리 알려진 작품이다. 그러나 이 작품이 유희경과 이별한 후 그를 그리워하는 마음을 담아 매창이 읊은 것이라는 사실을 아는 사람은 그리 많지 않다. 자기는 이리도 상대를 그리워하는데 상대의 마음은 어떨지 몰라 애태웠을 매창을 생각하니 안쓰러운 생각이 든다. 매창은 알지 못했을 테지만 유희경 역시 매창을 애타게 그리워하며 써놓은 시가 있다.

낭자 집은 낭주에
나의 집은 한양에
그리는데 볼 수는 없어서
오동잎 빗소리에 애가 끊기네
娘家在浪州 我家住京口 相思不相見 腸斷梧桐雨

『촌은집村隱集』 1권에 실린 「계랑을 그리며[懷癸娘]」라는 시다. 한

양과 부안이라는 먼 거리에 떨어져 있는 두 사람의 신세를 생각하며 눈물짓는 시다. 그리워하는데 자신의 뜻과는 달리 볼 수 없다는 절망적인 상황에 처하고 보니 오동잎 넓은 잎에 비가 떨어지며 나는 그 소리가 천둥을 치는 소리인 듯 내 마음을 쳐서 창자가 끊어지는 듯하다는 이 시! 이 시를 매창이 봤더라면 어떠했을까? 홀로 그리워하는 것이 아니라 조금은 위로받았을까, 아니면 서로의 신세를 한탄하며 더 아파했을까? 어쨌든 두 사람은 인연을 더 잇지 못하고 말았다.

'이화우 흩날릴 제~' 하며 시작되는 이 시조를 기억하듯, 이제는 이 시조에 얽힌 사연을 기억하고, 또 이 시조의 작가가 그리워하던 한 사람의 시인이자 상례전문가 유희경도 함께 기억해봄이 어떨까. 유희경은 조선이라는 봉건국가의 가장 밑바닥 신분으로 태어나 스스로 아무것도 할 수 없는 어린 나이에 아버지를 잃고 자리보전하고 누운 어머니를 뒷바라지해야 하는 절망적인 상황에 처해 있었다. 하지만 그는 종을 짐승 이하로 치부하고 무시하면서 자신들은 특별히 고상한 사람인 양 격식을 따지던 양반들에게 그들이 가장 중요시한 상례를 가르치며 이를 주관한 인물이다. 또한 국가 경제가 파탄에 빠질 때도, 난신에 의해 정치가 어려웠을 때도 전혀 흔들리지 않고 자신의 길을 걸으면서 한 단계 한 단계 올라서 결국 한성부판윤의 자리에까지 임명된 사람이다. 그리고 그사이 몇십 년의 나이 차이를 뛰어넘어 한 여인을 사랑하며 애를 끓이기

『촌은집』 책판 유희경의 시집 『촌은집』(3권 2책)을 간행하기 위하여 만든 판목板木으로, 경상남도 남해 용문사에 보관되어 있으며 경상남도유형문화재 제172호다.

도 한 사람이다.

　유희경은 밑바닥에서 시작하여 큰 성공을 거두었다. 멋있는 사람이다. 그 사이 그는 깊은 사랑을 했지만 그 사랑을 이루지는 못했다. 안타까운 사람이다. 하지만 그 모든 것을 한 사람이 한 인생 속에서 했기에 결론적으로 그의 삶은 멋지고, 그도 멋지다.

홍씨 그대는 순수하고 착한 선비로

문필의 재주 절로 깨끗하였네

이 땅에는 기이한 보옥 많은데

그대 역시 문아한 선비로구나

청운의 꿈 젊어서 잃어버리어

흰 망아지 끌채 아래 매이게 됐네

종당에는 군계일학 뛰어날 거니

이 어찌 그럭저럭 지내는 자랴

3_ 외교 난제를 해결하고 공신록에 오른
역관 홍순언

말만 전하는 사람이 아니다,
중국통 외교관이다

지금만 세계화 시대가 아니다. 조선도 세계 속에 살았다. 다만 그들이 생각하는 세계
의 크기가 지금보다 조금 작았을 뿐이다. 어느 시대나 내 나라 일만 신경 쓰고, 내 나
라 사람만 만나고 살 수는 없었다. 그래서 늘 역관이 필요했다. 역관은 요즘 말로 하
면 통역사다. 역관은 우리나라 말을 다른 나라 말로 바꾸어 전달만 하는 사람이 아니
다. 역관은 상대국을 가장 잘 아는 사람이기에 때로 자국의 이익을 위해 스파이가 되
기도 했고, 현장에서 긴밀하게 움직이며 온갖 위기에서 자국을 구하는 외교관이 되
기도 했다. 과거를 통해 문과에 급제하고 이를 발판으로 정승판서까지 오르는 꿈을
꿀 수 없는 중인이었지만, 그 중인인 역관의 손에 나라의 온 운명이 맡겨진 때도 많
았다. 이 편의 이야기에서는, 역사를 통틀어 역관 중에서 가장 많은 이야기를 남긴
홍순언洪純彦(?~?)이 주인공이다.

공신록功臣錄에 적히고
군호君號를 받은 역관

선조 때 활약한 역관 홍순언에 관하여는 『조선왕조실록朝鮮王朝實錄』뿐만 아니라 『서애집西厓集』, 『이향견문록里鄕見聞錄』, 『연려실기술燃藜室記述』, 『통문관지通文館志』, 『청구야담靑邱野談』 등 일일이 다 거론하기 어려울 만큼 수많은 책에서 다투어 그의 일화를 기록했다. 소설적 허구를 포함한 것은 배제하고 최대한 사실만을 쓴 기록을 중심으로 살펴보자. 이들이 공통적으로 쓰고 있는 홍순언의 일이란 바로 이것이다.

　역관 홍순언이 중국에 갔을 때 어느 기생집에 들렀다. 문 앞에 '몸값이 천금'이라고 써 붙여 있어서 아무도 거기 들어갈 엄두를 내지 못할 때 홍순언은 호기 있게 들어갔다. 그런데 거기에 있는

『통문관지通文館志』 조선 숙종 때 김지남이 사역원의 연혁, 중국·일본과의 통교에 관한 사적事跡, 의절儀節 등을 기록한 책으로, 고종 18년(1881)에 중간重刊했다. (국립중앙도서관 소장)

여인은 창가의 기녀 같은 기색은 없이 얼굴 가득 서글픈 표정만 짓고 있었다. 사연을 물으니 남의 모해로 재산을 몰수당하고 급작스레 부모의 상마저 당했는데 장례를 치를 비용이 없어서 자기 몸을 창가에 팔게 되었다는 것이다. 홍순언은 그를 불쌍히 여겨 가진 돈을 다 털어주고 그녀에게는 손끝 하나 대지 않고 나왔다. 이름을 묻는 그녀에게 끝내 이름을 말하지 않고 성만 알려주고 나왔다고 한다.

기록에 따라서는 홍순언이 미색을 탐하여 여인의 몸에 몸값을 붙이는 사람에게 부탁하여 여인을 소개받았다고 쓰기도 했고, 문 앞에 몸값을 써놓았다는 이야기가 없는 경우도 있다. 또 여인이 기생이 된 이유를 두고도 이야기마다 내용이 엇갈린다. 단지 부모가 모두 갑자기 죽은 처지만을 이야기하기도 하고, 아비가 공금을 쓰는 바람에 옥에 갇혀 있다고 하기도 한다. 어느 경우에나 여인은 행실이 곧은 사람인데 부모를 위한 효로 어쩔 수 없는 선택을 하여 창가에 몸을 팔게 된 것이다.

홍순언 이야기가 너무나 인기가 있어 널리 퍼지자 아예 고소설로도 나왔는데, 「이장백전李長白傳」*과 「홍언양의연천금설洪彦陽義捐千金說」이 바로 그것이다. 여기에서는 홍순언과 여인이 돈을 주고받는 과정이 훨씬 더 상세히 나온다. 굳이 이름을 알려주지 않으려는 홍순언과 이름을 가르쳐주지 않으면 돈을 받지 않겠다는 여인의 실랑이가 자못 길게 서술되어 있다. 어느 쪽이나 홍순언의 의기義氣를 강조하고, 이후 진행될 여인의 보은을 강조하기 위한 설정

---

* 소설 「이장백전」은 누가 언제 지었는지 알 수 없는데, 그 줄거리는 이렇다.
만력연간萬曆年間에 송도에 거주하는 이장백李長白이라는 역관이 북경에 들어갔다가 아버지의 장례 비용을 마련하기 위해 몸을 파는 계낭자桂娘子를 만났다. 그를 불쌍히 여긴 이장백은 송경 유수松京留守가 물건을 사 오라고 준 천 냥에 자신이 가진 돈까지 모두 그녀에게 주고는 돌아왔다. 송경 유수의 돈을 허비하고 돌아왔기 때문에 이 죄로 이장백의 온 가족은 노비 생활을 하게 된다. 계낭자는 그 뒤 황후로 간택되었다. 그 무렵 마침 월경越境한 조선인이 중국인을 죽이고 도망한 사건이 발생하자 중국의 황제는 조선국에 대해 매우 노하게 된다. 이 일을 해결하기 위해 이장백은 목숨을 걸고 다시 중국에 들어갈 기회를 얻게 되었다. 그리하여 이장백은 계황후를 만나게 되고, 계황후가 천자를 설득해 이 사건을 불문에 붙이기로 했다. 조선의 왕은 기뻐하며 몸소 압록강까지 마중 나와 직접 그에게 판서 벼슬을 내리고 그를 안녕군安寧君에 봉했다. 계황후는 그 뒤로도 계속 안녕군의 안부를 묻고 은혜에 감사하며 예물을 보내 은혜에 보답했다 한다.
소설 「이장백전」은 역관이 아비의 장례 비용 때문에 몸을 판 여인을 만나 그에게 전 재산을 준 것, 그 때문에 자신은 옥에 갇히게 된 것, 국가에 어려운 일이 생기자 목숨을 걸고 이 문제를 해결하기 위해 사신 일행으로 나선 것, 전날의 은혜 때문에 일을 해결하고 중국과 조선에서 큰 상을 받고 벼슬을 받게 된 것 등 주요 줄거리가 홍순언의 일화와 일치한다. 역관의 이름이 이장백으로 바뀌고 국가 위기의 내용이 다른 것 등만 홍순언의 일과 차이가 있을 뿐이다.

이다.

　오늘날 같으면 외교관 수행 통역사의 비용을 국가가 대는 것이 마땅하지만, 조선시대 역관은 오가는 데 드는 모든 비용과 상대국 사람들과의 만남을 주선하기 위해 각종 기회를 만드는 데 드는 비용까지 스스로 감당해야 했다. 반대급부로 정부에서는 그들에게 무역할 수 있는 기회를 주었다. 특히 국경과 가까운 관아에서는 역관에게 돈을 빌려주고 오는 길에 받는 것이 일상화되어 있었다. 관아에서 역관에게 빌려주던 은을 불우비은不虞備銀이라 했다. 곧 비상시를 위해 마련해놓은 돈이라는 뜻이다. 관아에서 필요한 중국 물품을 대신 사달라고 부탁하기도 했기 때문에 역관은 관아에서 돈도 빌리고, 또 중개무역을 해서 이문을 남기기도 했다. 문제는 그것이었다. 홍순언은 자신의 돈은 물론 빌린 돈까지 다 털어 그 여인이 부모의 장례를 치르고 창가에서 빠져나올 몸값까지 지불한 터라 공금을 갚을 길이 없어 감옥에 갇히게 되었다.

　그 당시 조선은 건국 이후 몇 대에 걸쳐 해결하지 못한 큰 문제가 하나 있었다. 이른바 종계변무宗系辨誣라는 것으로, 중국의 『대명회전大明會典』의 주註에 이성계李成桂가 이인임李仁任의 아들이며, 또 이성계가 고려의 우왕禑王·창왕昌王·공양왕恭讓王은 물론 공양왕의 세자인 석奭까지 무려 네 사람을 시해하고 나라를 차지했다고 기록되어 있는 것을 바로잡으려 한 일을 말한다. 「용비어천가」를 지어 이성계의 4대 조상 때부터 조선을 건국하기 위해 덕업을 쌓았다며 대대적으로 홍보한 사실을 굳이 떠올리지 않더라도 한 나라 시조의 혈통이 잘못 기재된 것은 큰 문제였다. 더구나 전 왕 조의 왕과 왕자를 시해하고 나라를 빼앗았다는 기록은 대의명분 을 중시한 조선 사회에서 용인할 수 없는 것이었다. 이를 바로잡아 달라고 중국에 사신을 보낸 것이 총 15회에 이른다.

『연려실기술』의 기록에 의하면 선조는 이 문제를 해결하지 못하 고 이렇게 오래 끈 것은 역관의 잘못이라면서 이번에도 일을 바로 잡지 못하면 수석 역관의 목을 베겠다고 엄포를 내린다. 역관들은 목숨이 아까워 다들 사신단을 따라가지 않으려 하다가 홍순언을 생 각해냈다. 홍순언은 어차피 감옥에서 나올 길도 없으니 자기들이 대신 그 빚을 갚아주고 그에게 수행 역관으로 다녀오라는 것이었 다. 그렇게 해서 홍순언은 감옥에서 나와 중국에 간다.

선조 17년(1584) 황정욱黃廷彧(1532~1607년)을 정사正使로 하여 출 발한 조선 사신단이 북경에 닿자마자 한 무리 사람들이 나와 홍 통 사를 찾았다. 그들은 '나요' 하며 나서는 홍순언을 으리으리한 집 으로 데리고 들어갔는데, 한 부인이 그에게 큰 절을 올렸다. 알고 봤더니 그곳은 상서 석성石星(?~1597년)의 집이고, 절을 올린 부인은 전에 청루靑樓에서 도와준 여인으로 그녀가 석성의 후실이 되어 나 타난 것이다. 후실에게 전날의 은혜를 누누이 들어온 터라 석성은 조선 사신단의 행차 이유를 듣고 힘을 기울여 잘못된 기록을 바로 잡아 주었다. 석성의 당시 지위가 예부상서였다느니 병부상서였다

느니 하는 등의 차이는 있으나 어쨌든 석성의 도움으로 종계변무가 해결되었다.

사신단이 돌아오자 선조는 크게 기뻐하며 죄인을 사면하고 공신을 표창했다. 이 일이 얼마나 기뻤던지 선조는 신하들과 함께 이를 축하하는 화답시를 지어 『광국지경록光國志慶錄』이라는 책을 펴낼 정도였다. 종계변무를 결정적으로 해결한 공으로 홍순언은 2등공신에 해당하는 광국공신에 기재되고 군호까지 받아 당릉군唐陵君에 봉해진다. 역관으로서는 유례가 없는 일이었다.

홍순언에 관한 각 기록들은 보통 그의 삶을 이야기할 때 여기까지만 말한다. 홍순언이 일을 마치고 조선으로 돌아갈 때 석성의 후실인 그 여인은 그간 홍순언을 기다리면서 '보은'이라는 글씨를 수놓아 짠 비단 열 상자와 많은 예물을 주었으며, 홍순언이 그 비

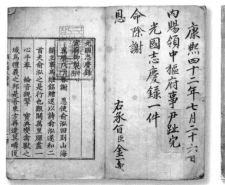

『광국지경록光國志慶錄』 선조 17년(1584) 황정욱, 홍순언 등이 종계변무를 해결하고 돌아오자 선조는 크게 기뻐하며 신하들과 함께 이를 축하하는 화답시를 지어 이 책을 펴냈다. (국립중앙도서관 소장)

단을 자기 집 담장에 늘어놓아 자랑했으므로 그 동네 이름을 보은단동報恩緞洞이라 했다는 말만을 덧붙이고서 말이다.

　여기까지만 말한다면 홍순언은 그저 한 번의 선행으로 재물과 지위까지 얻은 재수 좋은 인물에 불과하다. 그런 사람이라면 오늘 우리가 다시금 옛날 전문인의 한 사람으로 꼽으며 그 삶을 되짚어 볼 필요조차 없다. 이제부터 뛰어난 인품과 역량을 겸비한 조선 최고의 외교관 홍순언의 활약상을 살펴보자.

신분으로 인한 견제에서
벗어나지는 못했지만

역관은 어느 시대나 있었을 테지만 정사正史로는 고려 충렬왕 2년(1276)조에 통문관을 설치하여 한어를 학습시켰다는 것이 가장 오랜 기록이다. 과거시험 제도에서 문과와 무과 외에 역과를 따로 두어 역관을 선출했는데, 주로 중인 계층이 여기에 응시했다. 때문에 외교 문제를 해결하기 위해 역관이 반드시 필요했는데도 양반들은 그들을 무시하기 일쑤였다.

　『선조실록』에 의하면 선조 17년(1584)에 홍순언 등의 사신단이 종계변무를 해결하고 돌아오자 선조가 크게 기뻐하면서 죄인을 사면하고 홍순언 등에게 가자加資를 내렸다고 했다. 또『선조수정실록宣祖修正實錄』에 의하면 선조 23년(1590) 홍순언 등의 공신에게

녹권錄券을 발행했다고 했다.

　　그러나 홍순언은 공신 대접을 받으며 평탄하게 살지는 못했다. 『선조실록』24년(1591) 2월 10일 기사를 보면, 사간원에서 '우림위장羽林衛將 홍순언은 출신이 한미하여 금군禁軍의 장수에 합당치 않으니' 그 벼슬을 내려서는 안 된다고 상소를 올린다. 이어 같은 해 4월 12일 기사에도 겸사복·내금위·우림위로 이루어진 삼청三廳과 오위五衛의 장수를 탄핵하는 사간원의 상소에 '우림위장 홍순언은 서얼庶孽 출신으로 남에게 천시당하니 벼슬을 다른 사람에게 주라'는 내용이 나온다. 물론 선조가 홍순언은 공신이고 우림위장 정도면 서얼이라도 합당하다고 하며 사간원의 권고를 거부하기는 했다.

　　임진왜란이 일어나고 명나라 군이 파병되는 등 긴밀한 상황이 이어지는 동안인 선조 26년(1593) 1월 21일 실록 기사에는 이런 황당한 이야기도 기록되어 있다.

　　사간원이 아뢰기를 "거동擧動은 상의 대절大節입니다. 그래서 아무리 창졸간이라 하더라도 삼가지 않을 수 없습니다. 어제 상께서 유 원외와 서로 만나실 때에 유 원외가 대가를 길로 나오도록 요청하였으면, 역관된 자는 당연히 대가 앞에 나아가 꿇어앉아 그 말을 계달하여 하교를 여쭈어야 하는데도, 당릉군 홍순언이 감히 길에 서서 큰소리로 말을 전달하고 나오서서 영접하도록 곧바로 주청하였으니 그의 예절을 등한시한 것이 심합니다. 그리고 정원에서는 일

에 임하여 주선을 잘못하고 실례하도록 맡겨두어 거둥하는 데 미안
未安한 바가 있게 하였으니 그것도 그릅니다. 홍순언은 파직하고 도
승지와 담당 승지는 추고하소서" 하니, 상이 이르기를 "아뢴 대로
하고 홍순언을 추고하라" 하였다.

나라를 지키지 못하고 왜구의 침략을 받았으며, 침략당한 지 불
과 며칠 만에 도성을 내주고 피난을 가는 임금과 그 신하들이 하는
행위를 보라. 중국 사신의 말을 전할 때 역관 홍순언이 왕 앞에 나
가 꿇어앉아 말을 전해야 하는데 길에 서서 말을 전달했다고 하면
서 이는 예의에 어긋나니 죄를 물어야 한다는 것이다. 몽진 행렬
중에 그런 것이나 지적하고 죄를 물어야 한다고 건의하는 사간원
이나, 또 그러라고 하는 왕이나 참 안타깝고도 한심할 따름이다.

이런 기록 등으로 보아 당시 양반들이 다른 신분 사람들의 벼슬
권 진입에 얼마나 배타적이었는지 알 수 있으며, 그 와중에 공신으
로 '군'의 칭호까지 받은 홍순언이라도 평생 신분 때문에 고통받
았음을 짐작할 수 있다.

신분이 미천하여 함부로 하거나 벼슬을 떼어내려고 하는 사람
들이 많이 있어도, 홍순언만큼 중국어를 잘하고 오랫동안 역관으
로 중국에 드나들며 그곳 사람들과 교류하여 그곳 정세를 잘 아는
사람은 없었다. 그의 이름이 나타나는 실록 기사가 수십 개라는 사
실은 이를 잘 증명해준다.

임진왜란 발발 직전, 왜구들이 전쟁을 준비한다는 소문이 흉흉하고 이에 대해 알아보아야 한다며 통신사를 파견할 무렵 명나라에서도 이런 기미를 파악했다. 그런데 문제는 여러 정황상 왜구가 조선과 연합하여 명을 치려고 한다는 의견이 많았다는 것이다. 다음번 조선 사신이 오면 이 일을 잘 살피고 따져보리라 의견이 분분하던 때에 홍순언은 또다시 역관으로서 사신 일행과 함께 명나라에 들어간다. 그러나 중국 본토에 들어설 때 이미 분위기가 심상치 않았다. 중국으로 들어가는 입구인 산해관에 조선 사신단이 들어서자 중국인들이 "너희 나라가 왜놈들과 더불어 우리를 배반하고 무엇 때문에 왔느냐?"고 소리 지르며 길을 막기도 했다.

이때 홍순언은 노련하게 통역하여 이들 무리의 소요를 잠재우는 한편 정세를 파악하며 긴밀히 움직였다. 명종 재위 시절 각로閣老 허국許國(1522~1566년)이 우리나라에 사신으로 왔을 때 홍순언은 통역을 담당했는데, 그때 허국의 사인舍人 유심兪深과 친하게 지냈다. 홍순언은 유심을 통해 허국에게 은밀히 서신을 전달해 사실을 알려 두 나라간 오래를 푸는 데 결정적인 역할을 한다. 명나라에서는 이번 사신단이 왜구 전란 동향에 관해 보고하면 괜찮지만 그렇지 않으면 의심스러운 것이니 모두 잡아다 국문하겠다고 벼르던 터였는데, 그의 긴밀한 대응으로 명나라에서는 오해를 풀고, 조선 사신단과 조선 왕조 역시 위험에서 벗어날 수 있었던 것이다. 서애 유성룡은 자신의 문집에 이때의 일을 자세히 기록하여 관련 정황을 잘 살펴볼 수 있다. 다른 문인들도 같은 내용을 여럿 적어놓은 것을 보면 그때의 위기가 어떠했는지 미루어 짐작할 만하다.

박지원朴趾源(1737~1805년)은 『열하일기熱河日記』「행재잡록후지行在雜錄後識」에서 이렇게 말했다.

청淸이 일어난 지 140여 년에 우리나라 사대부들은 중국을 오랑캐라고 하여 부끄러워하고 비록 사신의 내왕은 힘써 하면서도, 문서의 거래라든지 사정의 허실은 일체 역관에게 맡겨두고, 강을 건너 연경에 이르기까지 거쳐 오는 2천 리 사이에 각 주州·현縣의 관리나 관문 장수의 얼굴도 보지 않을 뿐 아니라, 그 이름조차 모르고 있다. 이로 말미암아 통관通官이 공공연히 뇌물을 찾는데, 우리 사신은 그들의 조종을 달게 받고 역관은 황황히 받들어 행하기에 겨를이 없어서 항상 무슨 큰 기밀이나 숨겨둔 듯한 것은 이야말로 사신들이 망령되이 자존심을 세우는 데 허물이 있는 것이다. 사신이 담당 역관에 대하여 너무 의심을 하는 것은 정리가 아니요, 지나치게 믿는 것도 또한 옳지 않으니, 만일 일조에 걱정이 생기면 세 사신(정사正使, 부사副使, 서장관書狀官)은 장차 말없이 서로 쳐다보고 한갓 담당 역관의 입에만 의존할 것이니, 사신된 자는 힘써 연구하지 않을 수 없을 것이다.

중화주의에 의하여 명나라를 높이던 조선시대 선비들은 명을 무너뜨리고 만주족이라는 오랑캐가 세운 청나라에 대해서 배타적이었다. 청나라에 사신으로 가는 사람들조차 그 자체를 부끄럽게 여기고 자존심만 내세우다가 나라를 궁지로 몰아넣을 수 있는 상황임을 매우 잘 보여주는 지적이다. 나라도 못 지켜서 국왕이 남의 나라 장수 앞에 머리를 조아리고 백성은 그야말로 초토화 상태를 겪은 것을 생각하면, 사람들이 거들먹거리는 모습은 정말 곱게 봐주기가 어렵다. 어쨌든 상대는 오랑캐고 나는 소중화小中華의 양반입네 하며 거들먹거리는 사신들 옆에서 모든 어려움을 처리하고 사람들을 상대하는 일은 실제로 역관들이 담당했던 것이다. 물론 박지원은 홍순언이 살던 시대 이후의 사람이지만 그의 지적을 통해 역관들에 대해 어떻게 생각해야 하는지, 역관들이 과연 어떤 역할을 했는지 고려해야 한다. 이런 내용과 함께 보면 임진왜란 직전 긴박한 상황과 이에 대처하기 위해 동분서주하는 홍순언의 모습이 눈이 선하다.

전쟁 한가운데 서서

임진왜란 하면 흔히 이순신, 권율 등의 장군을 먼저 떠올린다. 그러나 직접 전쟁터에 나서지는 않았어도 전쟁 한가운데 서서 나라를 지키는 데 온 힘을 쏟은 사람들이 많다. 홍순언은 여기에 꼭 들어가야 하는 인물이다. .

공신이 되고 군의 칭호를 받게 된 후에도 홍순언은 계속 역관 일을 감당했다. 앞서 말한 것 같은 위기와 그 밖에 사소한 외교적 마찰이 발생할 때 하나같이 홍순언을 불러서 "당신이 중국에 밝으니……" 하면서 자문을 구했다는 기록이 많다.

그러다 얼마 안 있어 임진왜란이 일어난다. 널리 알려진 대로 조선은 전쟁 초기 왜군에게 급속히 무너져 전쟁이 발발한 지 얼마 되지 않아 임금이 궁궐을 비우고 피난을 가는 상황에까지 이른다. 이때 조선에서는 명나라에 파병을 요청했는데, 명나라에서는 그저 변방을 지키는 장수에게 명령하여 국경을 잘 지키게 하고 전쟁의 향방을 보자는 의견이 강했다. 이때 석성은 "조선은 예의의 나라이며, 또한 조선이 무너지면 명나라는 코앞에 근심을 두는 것이나 다름없다" 하며 파병을 극력 주장했다. 한편으로 홍순언과 연락하여 파병을 청하는 사신을 때에 맞추어 보내라고 당부하기도 했다.

이익李瀷(1681~1763년)은 『성호사설星湖僿說』 23권 「경사문經史門」 '석성石星'조에서 사람들이 입만 열면 명나라가 우리 조선을 다시금 살렸다는 '재조再造의 은혜'를 말하지만 실제 재조의 은혜는 석성 한 사람만의 공이라고 말할 정도였다.

주상이 이미 나라를 버리고 가게 되었다면 민정民情이 장차 어느 지경에 이르렀겠는가? 중조中朝에서는 "중국으로서 한 외번外藩을 위해 재력財力을 탕진할 수는 없으니, 마땅히 조선국을 둘로 나눈 다음

적을 능히 막을 만한 자를 골라서 맡겨주는 것이 좋겠다"라는 의논이 많았다. 중국 조정의 일로 말하면 좋은 계책이 아니라 할 수도 없었다. 그때 만일 석성 같은 이가 죽음을 무릅쓰고 나서서 다투지 않았다면 이 의논이 반드시 이루어졌을 것이다. 이 일을 생각하면 그의 은공이 망극罔極할 만하다.

이보다 앞서, 본조本朝의 종계宗系를 개정할 때에도 역관 홍순언이 석성의 애희愛姬에게 부탁하여 나라의 명예를 빛내는 공훈을 이루었으니, 그의 은혜 또한 막대한 것이다.

석성의 경우 자기 후실의 경험이 없었다면 그토록 강력하게 조선을 돕자고 말하면서 그 나라가 '예의'와 '신의'가 있는 나라라고 할 수 있었을까? 그렇지 않을 것이다. 석성의 은혜를 생각할 때 홍순언의 공도 함께 기억해야 하는 것이다.

명나라 군대가 조선에 파병된 후에도 명나라 군대의 진군 일정과 각 군대간의 의견 조율을 두고 홍순언은 동분서주했다. 실록에는 홍순언을 통해 명나라 군대 장수를 만나고 또 우리 임금을 만나 의견을 말하고 조선을 위해 파병 일정을 조정하는 일을 했다는 기록이 수도 없다. 선조 26년(1593) 3월 7일 기사에는 홍순언이 진군을 청하는 문서를 가지고 명나라 제독을 만나 온갖 말로 달래어 진군을 촉구하는 내용이 나온다. 다음 날에는 도승지 심희수沈喜壽(1548~1622년)와 함께 13~14리 밖까지 급히 달려가서 진병을 전송하는 내용도 나온다.

또한 중국의 풍습을 잘 아는 홍순언이 있었기에 사소하게 어그러질 수 있는 조선과 명나라 사이가 완충된 이야기도 많다. 예컨대 『선조실록』 26년(1593) 1월 19일조에는 중국의 어느 관리가 주본奏本을 가지고 가자 홍순언이 "명나라 사람들은 이것을 만나면 말에서 내린다"고 귀띔하여 주상이 말에서 내렸다는 기록도 있다. 같은 해 11월 11일 기사에는 중국 사신이 조선 왕과 만나는 자리를 동서가 아니라 남북으로 배치하기를 요구하는 대목이 나온다. 자리를 동서로 한다는 것은 주인과 손님의 예로 맞는다는 뜻이고, 남북으로 한다는 것은 왕과 신하의 예로 맞는다는 뜻이다. 그러니 명나라 사신이 남북으로 자리를 하여 자신이 북쪽 벽에 앉겠다는 것은 조선으로 볼 때는 대단히 불쾌한 주문이었다. 전쟁의 상황이 급박하여 명나라 사신의 비위를 거스를 수도 없어 난감했으나 홍순언은 "남북으로 자리하는 예는 선덕宣德 연간에 이렇게 하였다"며 역사적인 사건과 선례를 들어 현명하게 대처했다.

우리가 홍순언의 행실과 전문성을 주목한다면 임진왜란을 둘러싸고 두 나라 간에 벌어진 각종 신경전과 여러 의견 차이와 다툼 사이에 그가 어떻게 윤활유 역할을 했는지 주목하여 이를 평가해야 한다. 한마디로 홍순언이야말로 당시 조선에서 중국을 가장 잘 아는 중국통이며, 나라를 위해 입과 머리로 싸운 외교관이다.

다시 처음의 이야기로 돌아가, 전날 창가에서 몸을 버려 일생 불행하게 살 수도 있었을 한 여인 앞에 선 홍순언을 생각해보자. 젊은 날의 호기로 큰돈을 날려 창가의 미인과 놀아보겠다고 청루에 발걸음한 사실을 좋지 않게 평가할 사람도 있을 것이다. 그러나 중요한 것은 그곳에서 만난 사람을 말 그대로 한 '사람'으로 대하고, 그 사람의 상황을 '긍휼히 여길 줄 아는' 그의 인간성이다. 들인 돈을 생각하여 하룻밤 재미에 넘어가지 않고 상대를 불쌍히 여기며 돈보다 사람을 중시하는 사람이라야 돈도 명예도 얻고 공도 세울 수 있다. 많은 돈을 다 내주고 이후 자신이 겪을 고통을 어찌 생각하지 않았겠는가? 그러나 돈보다 한 사람을 온전히 불쌍히 여기는 사람이었기에, 그러고도 자신의 이름을 자랑하지 않고 숨기는 사람이었기에 이후 그가 살았던 삶과 그가 했던 활동 등이 더 아름답게 보인다. 『연려실기술』과 『통문관지』에서 "홍순언은 젊을 때에 불우했지만 의기가 있었다"고 평가하는 것은 바로 이런 맥락에서일 것이다.

홍순언의 인간됨을 알려주는 예로 자주 인용되는 것이 하나 더 있다. 흔히 외교에는 돈이 든다고 하는데, 옛날에도 마찬가지였는지 중국 사신들과 만나 각종 문제들을 해결하는 데 은銀을 많이 사용했다. 이때 홍순언은 "일이 정대正大한 것이니 마땅히 정대한 것으로 도모해야지 뇌물을 써서 구차하게 보여서는 안 된다"고 하면서 실제로 뇌물을 쓰지 않고 일을 처리했다. 종계변무를 처리할 때도 그랬고 이후에도 몇 번 더 그런 일이 있었다. 박사호朴思浩의『심전고心田稿』2권에도 뇌물 쓰기를 반대하는 홍순언의 일화가 나오고, 이유원李裕元(1814~1888년)의『임하필기林下筆記』23권 등 여러 곳에서도 나온다. 특히 이유원은 「은화로 예를 행하는 일의 시초」라는 글에서 이렇게 썼다. 곧 임진왜란 뒤에 명나라에 주청사奏請使를 보낼 때 조정에서 은화로 예를 행하려고 할 때 당성군唐城君 홍순언이 번번이 안 된다고 주장하면서 말하기를 "한 차례 주청을 하였다가 요청대로 허락받지 못할 경우 그 해로움은 오히려 별것이 아니다. 그러나 이 길이 한번 열리면 중국 사람들이 우리나라를 이익의 굴처럼 여겨 갖가지로 꾀를 써서 은자를 내놓으라고 다그칠 것이 틀림없다"고 했다. 그러나 조정에서는 한두 번 돈으로 일을 해결하더니 결국 중국에서 온 사신이 무리하게 은화를 요구하게 되었다면서 "과연 홍순언이 말한 것처럼 되었다"고 탄식하기도 했다.

당장 편하게 일하려고 뇌물을 썼다가 나중에는 '부메랑'처럼 그 여파가 나타나 조선은 이후 중국 사신의 뇌물 요구에 시달렸다. 이후 학자들은 홍순언이 전에 한 말을 인용하면서 자주 탄식했다. 그런 일화나 평가를 통해 홍순언의 인품과 일처리 방식 등을 추정해 볼 수 있다.

중국의 『전당시全唐詩』에 허국이 역관 홍순언에게 준 시가 실려 있다. 이 시를 살펴보는 것으로 그에 대한 평가를 대신한다.

홍씨 그대는 순수하고 착한 선비로
문필의 재주 절로 깨끗하였네
이 땅에는 기이한 보옥 많은데
그대 역시 문아한 선비로구나
청운의 꿈 젊어서 잃어버리어
흰 망아지 끌채 아래 매이게 됐네
종당에는 군계일학 뛰어날 거니
이 어찌 그럭저럭 지내는 자랴
洪子果純彦 翰墨能自灑 此地富瑰奇 如君亦文雅
靑雲失壯年 白駒局輈下 終當出鷄群 豈是悠悠者*

홍순언은 처음에는 신분이 낮아 과거를 통해 청운의 꿈을 이룰 수 없는 처지의 사람이었다. 하지만 허국은 홍순언을 보면서 끝내는 뭇닭 가운데 있는 한 마리 학처럼 재주와 인품을 드러내는 뛰어난 인물이 될 것이라는 축복의 말을 남겼다. 그의 말처럼 홍순언은 역시 그런 삶을 산 그런 인물이 되었다.

---

* 이 시는 『해동역사海東繹史』 50권 「예문지藝文志」에도 실려 있다.

홍순언을 말하면서 그저 횡재한 인물이라고 말하지 말고 그의 삶과 인품과 활약을 모두 평가해야 한다. 돈 한번 크게 쓰고 여색을 탐해보려고 청루에 갔다가 호탕하게 큰돈을 잘 뿌린 행운으로 출세한 사람이라고 평가한다면 그저 그의 삶의 단 한 장면만 본 것이다. 그가 임진왜란 전후에 줄곧 활약한 상황을 살펴보고, 그리고 역관들이 역사 속 각종 사건에서 해낸 역할을 선입견 없이 평가할 때 비로소 역관 홍순언의 진가를 알 수 있다. 그제야 우리는 그런 활약 끝에 역관 신분이었다가 '군君'에까지 오른 한 사람의 일생에 대해 감탄하며 경의를 표할 수 있다.

허준은 서출로 태어나 그 신분을 뛰어넘어 당상

관이 된 불세출의 인물이며, 환자 치료를 앞두고

는 자기가 가진 것이나 지위를 생각하지 않았으

며, 환경에 휘둘리지 않는 변함없는 충실함으로

우리나라를 넘어 동아시아를 평정할 만한 역작

을 지어냈다. 15년에 이르는 오랜 저작 기간 동

안 그는 조금도 흔들리지 않았고, 우리나라와 중

국의 모든 의서를 섭렵했으며, 수십 년간 쌓인

치료 경험들을 한 데 모아 아울렀다. 이 정도의

사람이고 보니 오히려 지난날의 어려움, 지난날

의 비참함이 그를 더욱 빛나게 해주는 듯하다.

4_ 서출로 태어나 어의가 된
의원 허준

괴감하고 열정적인 집착,
목숨의 위협도 이겨내다

호랑이는 죽어 가죽을 남기고 사람은 죽어 이름을 남긴다고 했던가……. 어느 호랑이든 죽어 발견되기만 하면 가죽을 남길 수 있겠지만, 사람은 그렇지가 않다. 수천 년 동안 허다한 사람들이 태어나고 각기 제 모습대로 살다가 죽었으나 그들 모두의 이름이 남아 있지는 않다. 이름 남기는 것이 무슨 대수냐고 하면 더 할 말이 없으나 한세상 이름을 남기는 데 뜻이 있는 사람이라면 그것이 얼마나 힘든 줄 알 것이다. 특히 조선시대에는 가문 좋은 양반으로 태어난 사람이 아니면 그 이름을 남기기가 더욱 어려웠다. 그러나 온갖 어려움 끝에 천민이라는 출생 배경을 이기고 그 이름을 남긴 이들이 심심찮게 있다. 그들이야말로 인생을 역전시킨 역전의 용사들이다.

그중에 여기서 살펴볼 사람은 의원이다. 모두 다 고개를 끄덕일 만한 조선 최고의 의원 허준許浚(1539~1615년)이 주인공이다.

흡수된 이야기

본격적인 허준의 이야기로 들어가기 전에 도입부의 이야기를 좀 더 해보자.

오늘 낮에 잠깐 어느 대학교에 다녀왔다. 대학은 여름방학 중이라 강의가 없는 틈을 이용해 학교 미화 작업이 한창이었다. 어느 건물은 외장 리모델링 공사를 하고, 어느 건물은 실내 대청소를 하고 있었다. 또 어느 건물 앞에서는 조경 작업이 진행 중이었다. 뭐 대단한 공사는 아니고 그저 건물 앞에 있는 해송海松 몇 그루의 가지를 쳐내는 것이었다. 잘려 바닥에 떨어진 가지와 아직 줄기에 붙은 가지들을 보며 새삼 놀랐다. 솔방울이 잎보다 많이 있었기 때문이다.

생명체는 누구나 자신의 흔적을 남기고 싶은 본능이 있다. 사람은 자기를 닮은 2세인 자식을 통해 그 본능을 충족하고 식물은 생명의 위협을 느낄수록 왕성하게 번식한다. 소나무에 솔방울이 저리도 많이 달린 것은 공해가 심해졌다는 것이요, 소나무가 자기 흔적을 보존하기 위해 발버둥치는 모습을 증언하는 것이다.

우리가 고민에 빠졌을 때나 심심할 때나 하는 것! 할 데가 없으면 손바닥이나 심지어 갖고 있는 지폐를 꺼내어 거기다가도 하는 '낙서'! 이 낙서 역시 그런 본능의 표현이라 할 수 있다.

생물학적인 면에서 좀 더 넓혀 접근해보면 무엇을 남긴다는 것은 무엇일까? 사람에게 그것은 '이름'을 남기는 일이다. 그 이름을 어떤 사연에 담아 남겼는가를 살피며 우리는 그 사람의 삶을 생각해보고, 그에게서 배우며, 그의 삶의 성공 여부를 판단한다.

사실 허준의 이야기 한둘쯤은 모르는 사람이 없다. 때로 텔레비전에서 본 드라마의 장면을 이야기하기도 하고, 소설 『동의보감』을 읽고 머리에 남은 이야기를 자기가 본 일인 양, 당연한 사실인 양 이야기하기도 하지만 실은 그 대부분은 꾸며낸 이야기들이다. 그가 스승의 배려로 스승 시신을 해부해보았다는 이야기는 허준을 떠올릴 때 가장 감명 깊고 강인한 인상을 남기는 일화지만 이것도 전혀 근거 없는 이야기다. 이 밖의 이야기도 사정은 비슷하다. 그냥 사람들이 이상적으로 생각하는 의사의 상을 상상한 후 거기에 허준의 이름을 갖다 붙인 것들이고, 막연한 추측을 사실인 양 그럴듯하게 꾸며낸 것들이다.

조금만 살펴보면 이런 예가 심심찮게 많다.

일지매 이야기만 해도 그렇다. 1975년 유명한 만화가 고우영 씨가 신문에 「만화 일지매」를 그렸다. 그보다 일찍 소설가 정비석 씨가 『의적 일지매』를 썼고, 최근까지도 '일지매'라는 제목을 단 소설들이 여럿 출간되었다.

하지만 고우영 씨가 일지매를 조선 중기 참판 김중원의 아들이라고 하며 이야기를 전개한 것 등과 관련한 내용은 모두 사실이 아니다. 일지매는 우리나라 사람도 아니고, 실존 인물은 더욱 아니다. 일지매는 중국에서 명말청초에 읽히던 소설 『환희원가歡喜冤家』라는 작품 맨 마지막 회에 나오는 소설상의 도둑일 뿐이다. 그러니 부모가 어떤 인물인지 그가 왜 도둑이 되었는지에 대한 설명, 조선 어느 땅에서 누구의 어떤 것을 얼마나 도둑질하여 어떤 사람들을 도왔다는 설명은 모두 거짓이다. 도둑질을 하고서 벽에 매화 한 가지를 그려두어 자기가 한 일임을 표시했다는 모티프만 중국 소설에서 따왔을 뿐 나머지는 모두 작가의 상상력이다. 그러니 일지매를 홍길동, 임꺽정 등과 동급의 역사인물로 놓고 우리나라 의적사義賊史를 논해서는 안 된다.

통신, 교통이 발전하지 못한 나라에서 중앙의 임금이 자기 통치력이 미치지 못하는 부분을 보완하기 위해 비밀리에 지방에 파견하는 암행어사 제도가 있다. 누구나 암행어사와 관련한 수많은 이야기 중 한둘은 알 것이다. 그런데 이상한 것은 그 암행어사 이름이 오직 박문수朴文秀(1691~1756년) 한 사람으로 나온다는 것이다.

오랜 세월 동안 수많은 암행어사가 있었을 텐데 유독 박문수가 한 일만 전해질 리 없다. 다른 암행어사의 이야기가 박문수라는 유명한 이름에 흡수된 것이다. 암행어사라면 당연히 그래야 한다고 생각하는 바람이 박문수 이야기로 만들어지기도 했다.

인자하고 현명하고 청렴한 조선시대 재상의 이야기라면 으레 주인공은 황희黃喜 정승이다. 그러나 소 두 마리로 밭을 가는 농부에게 다가가 어느 소가 더 나은지 물었다가 '미물이라도 자기를 흉보는 말은 싫어한다'는 귀한 깨달음을 얻어 한평생 말조심을 했다는 그 유명한 이야기의 주인공도 사실은 황희가 아니라 정승 상진尙震이다.

똑똑한 소년들이 심술궂은 어른의 코를 납작하게 해주었다는 각종 이야기의 주인공은 늘 오성과 한음이라고 나오지만 실은 이름이 전하지 않는 똑똑한 아이들 설화가 이들의 이름에 흡수된 것뿐이다.

예를 들자면 끝이 없다. 유명한 사람의 이야기일수록 꾸며지고 다른 사람의 이야기가 잘못 흡수된 경우가 많다. 그러니 이런 사람들 이야기를 할 때면 더 주의해야 한다. 다만 그런 이야기에 담긴 민중들의 바람을 읽을 뿐, 그것을 통해 그 유명한 한 사람의 실제적인 일생을 읽어서는 안 된다. 허준이야말로 그런 인물임을 잊지 말아야 한다. 그가 의원이고 『동의보감東醫寶鑑』을 지었다는 사실 외에 그에 관해 전하는 흥미 있고 극적인 이야기는 다 거짓이라고 보면

허준許浚 동상 허준은 조선 중기의 의학자로 선조와 광해군의 어의를 지냈으며, 최고의 한의학서 『동의보감東醫寶鑑』(전25권)을 펴냈다. 서울 가양동에 있다.

된다. 여건의 어려움을 이겨내고 제2의 삶을 이룬 옛 전문인을 살펴면서 현대에 어떻게 살 것인가 방법을 생각해보는 우리들은 조심스레 사실 그대로의 허준을 찾으려 노력해보자.

무관 집안 서출로 태어나

허준은 자가 청원淸源이고 본관은 양천이다. 그가 누구의 아들이며 어디서 태어났는지는 이견이 분분했다. 그래서 차라리 그의 선대에 대해서는 전혀 말하지 않는 책도 많다. 예컨대 유재건의 『이향견문록』에서도 허준의 자만 소개하고 곧바로 "어려서부터 학문을 좋아하여 널리 경사經史에 통달했으며 의학에 더욱 정통하였다"고만 썼다. 그러다 보니 그를 둘러싸고 온갖 추측만이 가득하게 되었으나, 다행히 규장각 책임연구원인 김호 씨의 오랜 연구로 허준의 선대에 대해서 논의가 정리되었다.

허준의 아버지는 무관 허론許碖이며 그의 어머니는 지방 무관인 영광 김씨 김욱감金郁瑊의 서녀다. 조선시대 신분은 모계를 따라가므로 서녀에게서 태어난 허준은 서자, 곧 천민일 수밖에 없었다.

성장기와 젊은 날을 전라도 지방에서 보내던 허준은 30세에 미암眉巖 유희춘柳希春(1513~1577년)의 천거로 내의원에 처음 출사한다. 유희춘은 선조 때의 학자로 장장 11년간에 걸쳐 쓴 『미암일기眉巖日記』 덕에 오늘날 더욱 주목받게 된 인물이다. 당시 그는 전라도

담양을 근거로 살고 있었다. 유희춘은 허준의 실력을 일찍부터 알아보고 여러 사람의 치료를 부탁하며 교분을 쌓다가 나중에 이조판서 홍담에게 부탁하여 허준이 내의원직에 천거되도록 했다. 그런 그가 고마워 허준은 이후 계속 유희춘에게 약재나 선물을 보내기도 하고 근처에 갈 때면 늘 찾아 인사를 올렸다. 1568년 2월과 4월에 『노자老子』, 『문칙文則』 등의 책을 선물한 이야기와 『좌전左傳』, 『모시毛詩』 등을 선물한 이야기가 각각 『미암일기』에 기록되어 있다. 당시의 책 한 질이 논 한 마지기에 비할 만큼 매우 비싼 것을 생각하면 허준이 그에게 얼마나 지성으로 감사를 전했는지 알 만하다. 유희춘이 쓴 일기에 나오는 기록 덕에 허준의 부계와 모계가 정확해지기도 했으니 오늘의 관점에서 보아도 허준에게 유희춘은 특별한 존재임에 틀림없다.

목숨과 나란히 놓은 치료

조선 같은 봉건국가에서 내의원에 있다는 것은 의원으로서 최고의 명예지만 그만한 위험을 감수해야 했다. 왕이라고 병에 걸리지 않는 것이 아니요, 왕이라고 늙거나 쇠약해지지 않는 것이 아니며 더구나 왕이라고 죽지 않는 것도 아니다. 그렇지만 왕이 아프거나 승하하면 그를 보살피는 어의는 그에 대한 책임을 지고 물러나거나 귀양을 갔다. 그래서 내의원은 탐나는 자리이자 위험한 자리이

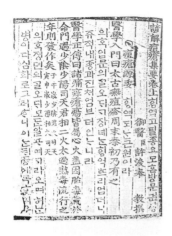

『언해두창집요諺解痘瘡集要』 허준이 지은 두창(천연두) 처방에 관한 한의학 서적이다. 왕자인 광해군의 두창을 치료하던 때의 일이 기록되어 있으며, 허준은 이때 광해군을 치료한 공으로 당상관에 제수된다.

기도 했다. 더구나 생전에 왕이 총애하여 여느 의원 이상으로 과분한 대우를 받은 사람이라면 시기하는 세력이 호시탐탐 노리고 있기 때문에 더욱 위험한 자리였다.

허준은 내의원에 들어온 후 여러 병을 고치고 이전의 의학서를 교정하고 개편하기도 하면서 그 위치를 높이고 견고히 해나갔다. 그러던 중 선조 23년 (1590) 12월 당시 왕자이던 광해군이 두창(천연두)에 걸려 상당히 위급한 지경에 이르렀다. 수많은 의관들이 드나들며 고치려 했으나 병증이 깊어 어찌할 수 없는 지경이었다. 왕이 될 왕자이기에 잘못 나섰다가는 목숨이 날아갈 판이니 다들 피하기에 바빴다. 하지만 허준은 달랐다.『언해두창집요諺解痘瘡集要』서문에 이때의 상황을 써놓은 것이 있다.

이때는 추운 겨울이었다. 허준이 왕자를 매우 뜨거운 열기 가운데 있게 했다. 그랬더니 급격히 증세가 악화되어 전보다 더 심해졌다. 지금 천연두는 별로 위험하지 않지만 당시에는 그것으로 죽는 이들이 매우 많은 위험한 병 중 하나였다. 왕자의 증세가 나빠지자 다들 의원이 잘못하여 더 위중하게 만들었다면서 일제히 허준을 공격했다. 그들의 말대로 병세는 점점 더 위중해졌다. 사방에서 허준을 탄핵하고 죄를 물어 죽이라는 상소가 빗발쳤다. 그러나 선조는 전날 허준이 보여준 의술을 굳게 믿으며 소신껏 치료하라고 신뢰해주었다. 허준은 이 말에 힘을 얻어 사흘간 더욱 독한 약을 써서 충분히 앓게 했다. 결국 왕자의 증세는 나아졌고 혼절을 거듭하던 정신이 더욱 맑게 소생되었다. 그렇게 하여 며칠 만에 완쾌했다.

아무리 왕이 보증해주었다 하나 허준처럼 하기는 쉽지 않다. 병은 오히려 앓을 만큼 앓게 한 후 치료해야 씻은 듯 나을 수 있다는 치료 원칙을 고수한 것이지만, 충분히 앓을 동안 그것이 낫는 중이라고 확신할 수 없다면 할 수 없는 일이다. 그러니 아무나 할 수 없는 치료였던 것이다. 이것을 보면 허준이 각 병에 관해 얼마나 철저하게 공부하며 대처법을 익혔는지 알 수 있다. 먼저 스스로 완벽하게 준비해야 한 분야에서 자신의 소신을 지켜 전문가가 될 수 있음을 허준의 예에서 다시 한번 본다.

왕자가 낫자 선조는 매우 기뻐했다. 그러고는 선조 23년(1590) 12월 25일에 허준을 당상관으로 높이는 명을 내렸다. 당상관은 정3품 이상의 관리다. 오늘날로 치면 국무총리와 각부 장관, 대법원장급 정도의 지위다. 그러니 양반들이 그냥 있을 리 없었다. 천민이 당상관이라니……. 허준에게 내린 당상관의 자품資品을 환수하라는 요구가 끊임없이 이어졌으나 선조는 한사코 고개를 저었다.

장차 왕이 될 왕자를 살린 것은 왕실을 살린 것이요, 나라를 살린 일이다. 그러니 전례를 따지고 신분을 따질 문제가 아니라며 명을 거두지 않았다.

허준이 목숨을 내걸고 치료하는 모습을 다시 볼 수 있는 것은 선조를 치료할 때다. 선조는 재위 40년(1607) 거의 1년을 자리에 누워 지내는데 이때 허준은 같은 원칙을 적용하여 왕에게 강한 약을 처방했다. 이를 두고 신하들의 상소가 빗발쳤다. 선조 40년(1607) 11월 13일 하루에만도 자기 벼슬을 내걸고 허준의 조제를 비난하며 죄를 물으라는 상소를 올린 사람이 다섯이나 된다. 사간 송석경 宋錫慶(1560~1637년)은 "양평군陽平君 허준은 수의首醫로서 자기 소견을 고집하여 경솔히 독한 약을 썼으니 죄를 다스리지 아니할 수 없습니다"했고, 대사간 유간柳澗(1554~1621년)은 "양평군 허준은 수어의로서 약을 의논함에 있어 마땅함을 잃어 너무 찬 약제를 함부로 써서 성후가 오래도록 평복하지 못하게 하였으니……"하는 것으로 보아 허준의 처방이 어떠했는지 짐작할 만하다. 선조가 승하하고 광해군이 즉위하자마자 허준을 정죄하는 상소가 끊임없이 이어졌다. 선조가 1608년 2월 1일에 죽었으니, 허준의 강한 처방이 그다지 효험을 발휘하지는 못한 듯하다. 다행히 허준은 광해군 덕에 죽음을 면했으나 의주 땅으로 귀양길에 오르는 것까지는 피할 수 없었다.

허준은 조선의 모든 것을 뒤바꾸어놓은 임진왜란 동안 내내 왕의
곁을 떠나지 않고 그를 돌보았다. 이때 수많은 관원들이 도망갔다.
전날 천민인 허준을 너무 높이 대우한다며 시기질투하고 온갖 상
소를 올려 그를 음해하던 관원들은 온데간데없었다.

당시 내의원의 수석 의원은 양예수楊禮壽(?~1597년)였다. 그의 의
술도 한때를 풍미할 만큼 유명하여 관련 이야기가 많이 전해진다.
이런 이야기가 『이향견문록』에 나온다.

양예수가 사신의 일원으로 북경에 가게 되었는데 도중에 호랑
이가 나타났다. 다들 무서워 어쩔 줄 모르고 있었다. 잠잠하다 싶
어 고개를 들어 보니 호랑이가 양예수 앞으로 새끼 호랑이를 끌어
놓고 땅에 엎드려 있었다. 살펴보니 어린 호랑이가 다리에 심한 상
처를 입어 죽을 지경이었다. 양예수는 얼른 치료해주고 송진을 갈
아 붙이면서 손으로 소나무를 가리키니 호랑이가 알아들었다는
듯 고개를 끄덕였다. 호랑이는 고맙다는 듯 고개를 조아리더니 검
은 돌 하나를 양예수에게 주었다. 북경에 도착하여 알아보니 '주천
석酒泉石'이라 했다.

"이것을 물에 담그면 그 물이 술로 변하는 것이랍니다. 천하에
다시없는 보배를 얻으셨군요."

이렇게 말하며 사람들은 그를 부러워했다.

하지만 이런 일화가 나돌 만큼 유명한 의원 양예수는 이미 나이가 너무 많아 왕의 몽진 대열에 합류할 수 없었다. 허준이 그의 역할을 대신했다. 그간 거들먹거리던 온갖 관리들이 다 도망갔어도 허준만은 변함없이 묵묵히 왕을 모시는 의원으로서 최선을 다하며 늘 왕과 함께 했다. 『선조수정실록』 25년(1592) 6월 1일 기사의 제목은 '난이 일어나자 명망 있는 진신縉紳들이 모두 도망하다'인데 그 내용은 이렇다.

애초에 상이 경성을 떠날 때 요사스런 말이 갖가지로 퍼져 국가가 틀림없이 망할 것이라고 하였으므로 명망 있는 진신縉紳들이 모두 자신을 온전하게 할 계책을 품었다. 수찬 임몽정任蒙正은 하루 먼저 도망하여 떠났으며 (……) 평양에 이르러 대사성 임국로任國老는 어미의 병을 핑계대고, (……) 노직盧稷은 영변에서 뒤에 떨어졌다가 도망하였다. (……) 경성에서 의주에 이르기까지 문관과 무관이 겨우 17인이었으며, 환관宦官 수십 인과 어의 허준, 액정원掖庭員 4~5인, 사복원司僕員 3인이 처음부터 끝까지 곁을 떠나지 않았다. 상이 내관內官에 이르기를 "사대부가 도리어 너희들만도 못하구나" 하였다.

양반입네 하던 수많은 이들이 떠나가는 모습과 그들이 둘러댄 핑계를 나열한 끝에 "사대부가 도리어 너희들만도 못하구나" 하며 탄식하는 선조의 목소리를 드러낸 기록이다. 사적인 감정을 드러내지 않는 건조한 글이 실록이라지만 이 부분만큼은 소설의 한 대목 같기도 하다. 그리고 그 한 대목에 허준의 변함없는 모습이 보인다.

채제공蔡濟恭(1720~1799년)은 애남이라는 종에 대한 전기를 썼는데 이 「애남전」에도 임진왜란 당시 선조가 피난 갈 때의 상황이 나온다. 임금의 수레가 임진강에 이르렀을 때 배는 없고 사공들도 없었다. 적병들은 무서운 속도로 쫓아온다는데 상황이 이러니 관리들은 무서워 다들 도망하거나 허둥지둥 어쩔 줄 몰랐다. 말고삐를 잡던 종 애남이 갑자기 고삐를 놓고 저쪽으로 달려갔다. 선조는 "일이 급하고 보니 애남마저 나를 배반하고 떠나는구나!" 하며 눈물을 머금고 탄식했다. 하지만 애남은 도망간 것이 아니라 기지를 발휘하여 언덕에 불을 붙여 길을 밝혀서 왕이 그곳을 벗어나게 했다는 이야기가 드라마틱하게 펼쳐진다. 애남을 기리고자 쓴 글인데 이를 통해 피난길에 오른 선조의 딱한 상황이 어느 정도였는지, 그리고 그 옆을 지키던 사람들이 어떠했는지 잘 드러난다. 이 글과 나란히 두고 생각해보면 전쟁 내내 왕 옆을 지킨 허준의 모습은 더욱 돋보인다.

거처가 불편하고 이동이 잦은 것은 물론이요, 걱정도 많은 탓에 선조는 여기저기 아픈 곳이 많았다. 『선조실록』에는 전란 중 허준이 날마다 왕의 처소에 들어 침을 놓으며 왕의 건강을 챙기는 내용이

기록되어 있다. 임진왜란 발발 3년 만인 선조 28년(1595) 4월 13일
조에 허준 등이 왕에게 침을 놓았다는 기사가 있고, 선조 29년(1596)
5월 11일조에는 선조에게 귀울림 현상과 두통, 왼손이 부은 증상,
왼쪽 무릎이 아파 걷지 못하는 현상 등이 있다면서 이를 치료하기
위해 침을 놓는 기사가 나온다. 선조 30년(1597) 4월 14일조에도 비
슷한 내용의 기사가 나온다.

　『논어論語』「자한子罕」에 "날씨가 추워진 후에야 소나무, 잣나무
가 시들지 않음을 안다[歲寒 然後知松柏之後彫也]"고 했다. 지위와 재산
을 갖추고 있을 때는 내 주위의 모든 것들이 늘 푸른 잎을 내며 나
를 감싸주는 것 같았는데, 어려운 지경에 처하고 보니 전에 그렇게
도 무성하게 옆을 둘러싸고 있는 수많은 나뭇잎들이 어디론지 다
떨어져버리고 소나무, 잣나무만이 변함없이 그 푸름을 유지하고
내 옆에 있더라는 『논어』의 구절을 생각해보라. 선조에게 허준은
바로 그런 소나무, 잣나무였다. 허준을 탄핵하며 소리를 높일 때
대신들은 모두 다 제각기 푸른 잎을 가진 곧은 선비들같이 보였지
만, 전란이라는 위태로운 상황에서는 다들 어디론지 떨어져 사라
지는 한때뿐인 식물에 불과했다. 그래서 선조는 더욱 허준을 신뢰
하며 이후 왕자의 치료도, 자신의 치료도 그에게 맡긴 것이다.

임진왜란을 겪으며 그 전쟁 통에 속절없이 각종 상처나 돌림병으로 죽어가는 백성들을 본 선조는 재위 29년(1596) 허준에게 의학서적을 편찬하라고 명을 내린다. 왕 옆에서 그 백성들을 지켜본 터라 허준은 이 명을 받아 곧 준비에 나선다. 전에도 중국 육조시대 고양생高陽生이 지은 『찬도맥결纂圖脈訣』에서 잘못된 것을 고치고 미흡한 내용을 추가하여 『찬도방론맥결집성纂圖方論脈訣集成』 네 권을 만들었지만, 이번에는 우리 백성들의 편에 서서 좀 더 쉽고 폭넓고 완전한 의서를 펴내리라 다짐하며 철저히 준비해갔다. 그사이에도 허준은 어의로서 왕과 종실 사람들의 건강을 챙겼고, 전국 곳곳에 퍼진 전염병 치료에 힘을 기울였고, 다른 책들을 편찬하는 일에까지 힘을 기울였다. 그 해에도, 다음 해에도 이 책은 완성되지 못했다. 한 해 한 해가 흘렀다. 그래도 '빨리빨리'를 외치지 않고 차분히 정리해갔다. 그러던 중 선조 41년(1608) 선조가 사망하자 허준은 약을 잘못 썼다 하여 파직당하고 의주로 귀양을 간다. 그곳에서도 그는 집필에 몰두해 결국 명을 받은 지 자그마치 15년 후인 광해군 2년(1610) 8월에야 25권이라는 방대한 분량의 책을 완성했다. 이것이 『동의보감』이다.

이 책을 올리자 광해군은 감격하며 그 공을 칭찬했다. 광해군은

"양평군 허준은 일찍이 선조先朝 때 의방醫方을 찬집撰集하라는 명을 특별히 받들고 몇 년 동안 자료를 수집했는데, 심지어는 유배되어 옮겨 다니고 유리하는 가운데서도 그 일을 쉬지 않고 하여 이제 비로소 책으로 엮어 올렸다"고 설명했다. 그 책을 보고 광해군은 돌아간 선왕을 생각하면서 "선왕께서 찬집하라고 명하신 책이 과인이 계승한 뒤에 완성을 보았으니 비감한 마음을 금치 못하겠다" 하며 감개무량한 마음을 숨기지 않았다. 그리고 그 공을 높이 평가하며 허준에게 직접 좋은 말을 한 필 주어 그 공을 치하하고, 내의원에 급히 이 책을 인쇄하여 배포하도록 명을 내린다.

『동의보감』서문에는 왜 이 책을 '동의보감'이라 했는지 설명되어 있다.

『동의보감東醫寶鑑』 허준이 선조의 명으로 집필을 시작해 15년 만인 광해군 2년(1610)에 25권이라는 방대한 분량으로 완성한 한의학서다. 당시까지 전하는 모든 의서를 종합하고, 그때까지 경험한 처방들을 싣고, 당대 조선에서 쉬 구할 수 있는 약초 정보까지 실은 종합 의학 백과사전이다. 『동의보감』이 출간된 후 조선의 의학은 모두 이 책을 어떻게 구체적으로 활용할 것인가에 초점이 맞추어졌으며, 이 책은 중국에 널리 알려져 중국에서 따로 간행해서 팔기도 했다.

동의東醫라고 한 것은 어째서인가? 나라가 동쪽에 있으므로 동쪽의 의술이란 뜻에서 동의라고 한 것이다. 옛날에 이동원이 『십서十書』를 지어 북의北醫라는 이름으로 강주江州와 제주澥州에서 행세하였고, 주단계가 『심법心法』을 지어 남의南醫라는 이름으로 관중關中에서 이름을 드러냈다. 지금 양평군은 궁벽한 번방에 살면서도 능히 책을 지어 중국에서 행하니, 전하기에 족한 말은 다른 지역에서도 충분히 전해지는 것이다.

보감寶鑑이라고 한 것은 어째서인가? 햇빛이 뚫고 나오고 구름이 흩어지는 것처럼 몸 안이 속속들이 다 보이게 해서 사람들로 하여금 책을 펴면 환하게 빛이 비치는 것이 거울과 같게 해서이다. 옛날에 나익지羅益之가 『위생보감衛生寶鑑』을 짓고 공신龔信이 『고금의감古今醫鑑』을 지어 모두 감鑑으로 이름을 삼으면서 과장하는 것을 꺼리지 않았다.

먼저 왜 동의라는 용어를 쓰는지 설명했다. 최고 의원으로는 중국 땅을 통틀어 북쪽에는 금나라의 유명한 의사 동원東垣 이고李杲(1180~1251년)를 꼽았고, 남쪽에는 단계丹溪 주진형朱震亨(1281~1358년)을 꼽았다. 그래서 이들을 북의, 남의라고 불렀다. 하지만 허준이야말로 이들과 '나란히 할 만한 이'라는 찬사를 붙였다. 이들과 나란하게 하여 동쪽에는 허준이라는 사람이 있다는 말을 '동의'라는 말 속에 넣었다는 것이다.

그럼 보감은 왜 보감인가? 보는 '보물'이라는 말이고 감은 '거울'이라는 말이다. 서문을 쓴 사람은 특히 거울이라는 말에 주목하여, 이 책을 통해 몸을 속속들이 거울 보듯 보게 했기 때문이라고 했다. 그러니 이 책 한 권을 보면 몸의 모든 것을 알 수 있고, 그렇게 되면 몸에 생긴 질병까지 다 치유할 수 있으니 참으로 '보배로운 거울'이라 할 수 있다. 이것이 바로 『동의보감』에 담긴 뜻이요, 그것을 향한 글쓴이의 격찬이요, 그것을 쓴 허준의 자부심이다.

『동의보감』은 오늘날의 내과에 해당하는 「내경편」부터 「외형편」, 「잡병편」, 「탕액편」, 「침구편」까지 총 다섯 편이 25권으로 나뉘어 쓰여 있다. 『동의보감』을 두고 좋지 않게 평가하는 사람들도 물론 있다. 『동의보감』에 관한 비판적 평가 중 가장 자주 거론되는 것은 그 책이 너무 거질巨帙이며 너무나 자세하고 빼곡하게 써놓아 새기기가 어렵다는 점이다. 광해군 2년(1610) 11월 21일 기사에서도 "이 책은 다른 책과 달리 두 줄로 소주小註를 써놓아서 글자가 작아 새기기가 매우 어려우며……"라면서 애로를 표시하는 내용이 나온다.

자세하면 분량이 많아지나 질병 중 빠뜨리는 것이 드물 테고, 간략하면 가벼운 책으로 만들어 싼 가격에 많은 이들이 구입할 수 있을 것이다. 『동의보감』은 전자에 해당하는 책이다. 총 25권에 달하는 책으로 만들어 당시까지 전하는 모든 의서를 종합하고, 그때까지 경험한 처방들을 싣고, 당대 조선에서 쉬이 구할 수 있는 약초 정보까지 실은 종합 의학 백과사전이다.

우리는 오늘날 워낙 이 책 이름을 익숙하게 들은 터라 이 책이 얼마나 대단한지 모른다. 이를 짐작하기 위해 한두 가지 예를 들어 보자.

첫째,『동의보감』이 출간된 후 조선의 의학은 모두 이 책을 어떻게 구체적으로 활용할 것인가에 초점이 맞추어졌다.『동의보감』이 방대하다는 것 때문에 각 증세별로, 또는 발생 진도별로 따로 축약한 의서들에 여러 의원들의 경험적인 처방들을 약간씩 곁들인 축약본 의서들이 이후 많이 간행되었다.『경험방經驗方』(1644년),『주촌신방舟村新方』(1687년),『제중신편濟衆新編』(1799년) 등이 바로 그것이다. 예컨대『제중신편』은 강명길康命吉(1737~1801년)이 정조의 명을 받아『동의보감』을 정리하고 「노인편」을 증보하여 백성들이 쉽게 약을 지어먹을 수 있도록

처방전을 주로 실은 실용적인 의서다. 세손으로서 할아버지 영조의 병시중을 들던 정조는 스스로『동의보감』의 주요 내용을 발췌하고 범례를 붙여『수민묘전壽民妙詮』이라는 책을 엮어내기까지 했다. 이와 같이『동의보

『제중신편濟衆新編』 강명길康命吉이 정조의 명을 받아『동의보감』을 정리하고 「노인편」을 증보하여 백성들이 쉽게 약을 지어먹을 수 있도록 처방전을 주로 실은 실용적인 의서다. (국립중앙도서관 소장)

감』이야말로 이후 모든 의서들을 만들어낸 태반이었다.

둘째, 이 책은 중국에 널리 알려져 중국에서 따로 간행해서 팔 정도였다. 실제로 앞서 인용한 『동의보감』 서문은 중국에서 간행하면서 중국인 서파西波 능어凌魚가 붙인 것이다. 일본 사신이 조선에 오면 『동의보감』을 얻어가려고 많은 노력을 기울인 것도 역사 기록에 고스란히 나온다. 수백 년이 지난 지금도 한방 하면 『동의보감』을 떠올릴 정도이니 허준은 죽었으되 책으로 남아 지금도 살아 있는 것이나 다름없다.

18세기 후반에 이르면 상례를 치르기 위한 의례 법도를 적은

허준 묘 경기도 파주에 있으며, 부인 안동 김씨와 생모의 것으로 추정되는 묘가 함께 있다. 묘비, 문인석文人石, 상석象石, 향로석香爐石이 묘 주위에 흩어져 있으며, 두 쪽으로 잘린 묘비의 마모된 비문 가운데 '양평군陽平君', '호성공신扈聖功臣', '허준許浚' 등의 글자가 있다. 경기도기념물 제128호다.

『상례비요喪禮備要』나 조선의 법전 『경국대전經國大典』과 함께 이 책은 사대부 지식인이 반드시 구비하고 읽는 필수서적으로 꼽힐 정도였으니 『동의보감』이 얼마나 대단한 책인지 실감할 것이다.

허준이 천한 신분의 어머니에게서 태어난 천민임은 틀림없는 사실이다. 하지만 당당히 의술로 인정받아 당상관으로서 군君의 칭호까지 받았다. 사방을 막아 양반 아닌 다른 이들의 출세를 꽉 막았을지라도 세상은 그를 가리지 못했고, 그의 실력은 그를 더욱 높였다.

허준은 서출로 태어나 그 신분을 뛰어넘어 당상관이 된 불세출의 인물이며, 환자 치료를 앞두고는 자기가 가진 것이나 지위를 생각하지 않았으며, 환경에 휘둘리지 않는 변함없는 충실함으로 우리나라를 넘어 동아시아를 평정할 만한 역작을 지어냈다. 15년에 이르는 오랜 저작 기간 동안 그는 조금도 흔들리지 않았고, 우리나라와 중국의 모든 의서를 섭렵했으며, 수십 년간 쌓인 치료 경험들을 한 데 모아 아울렀다. 이 정도의 사람이고 보니 오히려 지난날의 어려움, 지난날의 비참함이 그를 더욱 빛나게 해주는 듯하다. 허준이 오늘날의 힘든 사람들에게, 오늘날의 무시당하는 사람들에게 새 희망이 되어줄 수 있는 것은 바로 그도 어렵고 천한 처지에서 시작했기 때문일 것이다.

송경운은 남을 즐겁게 하는 것이 큰일이라 자기의 작은 수고를 생각할 겨를이 없음을 알았고, 자기의 작은 기예로 많은 사람을 기쁘게 할 수 있음을 다행이라 여겼으며, 작은 기예 때문에 남에게 뽐내면 안 된다는 것을 알았음은 물론 음악을 도구로 남에게 다가갈 수 있음을 알았던 사람이다. 높은 지위에 있는 사람이 송경운을 본으로 삼는다면 천하를 다스림에 무슨 문제가 있으랴.

5_ 비파 하나로 만인에게 인정받은
비파연주가 송경운

진정한 천재는 대중과 함께 한다

기술 중에서도 핵심기술이라는 것이 있다. 모든 것이 다 갖추어져 있어도 한 가지 다른 회사가 절대 따라할 수 없는 어떤 것, 그것이 그 회사를 살리고 그 회사의 가치를 결정짓는다. 어느 한 기술을 알지 못해서 꼬박꼬박 외국에 사용료를 주느라 허리가 휘는 제조업체도 많다. 화룡점정畵龍點睛이라는 말도 있다. 용을 그리고 난 후 맨 마지막에 눈동자를 그린다는 말인데, 그 눈동자를 어떻게 그리느냐에 따라 그 용이 실제 살아 날아갈 것만 같기도 하고 그저 뱀에 다리나 수염을 그려놓은 듯 졸작이 되어버리기도 한다. 그러니 그 눈동자야말로 용 그림의 핵심이다.

한 분야의 최고가 된다는 것은 스스로 그 핵심기술이 되는 것이요, 스스로 그 눈동자가 되는 것이다. 그리고 나면 내 신분이 어떠하든, 내 외모가 어떠하든 나를 찾게 되고, 그 분야의 모든 분위기를 주도하게 된다. 그때에야 비로소 그 분야에서 성공한 사람이라 할 수 있다.

이런 면도 생각해보자. 어느 분야에서 최고의 경지까지 올랐다는 사람들에게는 기이한 특성이나 성격 이야기가 따라다닌다. 때로 괴팍하기까지 하다고 느낄 만한 이야기도 많다. 한 분야의 최고가 되기 위해서 외곬으로 집중하다가 생긴 기벽이겠지만 왠지 그런 이야기를 보거나 들으면 거부감이나 거리감이 느껴지는 것이 사실이다. 기술로, 일처리 능력으로 최고임을 인정할 만하면서도 사랑할 만한 사람은 어디 없는가? 송경운宋慶雲(?~?)이야말로 이 둘을 겸비한 사람이다.

송 악사는 어디 있나?

99칸 기와집 안에 사람이 가득했다. 값비싼 자리가 깔리고 아롱다
롱 춤추는 여인들이 고운 자태를 뽐냈다. 한쪽엔 장구, 북, 해금 등
을 각기 손에 든 악사들이 음악을 연주했다. 수많은 기생들이 음악
에 맞추어 춤을 추고, 상다리가 부서질 듯 음식은 넘쳐났다. 시중
드는 종들만도 수백 명에 달할 듯했다. 그리고 중앙단에 울긋불긋
온갖 비단 옷을 입은 손님들이 가득했다. 하지만 왠지 손님들의 표
정이 밝지 않았다.

"송 악사는 어디 있다던가?"

"아무개 상공이 불러갔다더군."

"어허 참……."

"……."

호란이 일어나기 전 한양의 잔치 자리에서는 늘 한 사람의 이름이 오르내렸다.

"송 악사!"

"송 악사!"

송 악사 몸은 하나인데 찾는 데는 여럿이었다. 어느 왕자의 유흥 자리에서도 어느 정승의 잔치 자리에서도, 서너 명 모인 곳에서도 수십 명 모인 곳에서도 사람들은 늘 송 악사를 찾았다. 그가 없는 자리는 말 그대로 '앙꼬 없는 찐빵'처럼 되어 다들 흥을 잃고 있다가 그저 헤어지고 말았다.

그의 솜씨에 대한 소문은 전국 모든 사람에게 퍼져 유행어가 되었다. 어떤 일을 잘했을 때는 으레 그의 이름을 넣어 "어때? 송경운의 비파만 해?"라고들 했다 한다. 나무꾼이나 소 먹이는 어린 아이들도 서로 모여 놀다가 누가 재미있는 말이라도 하면 "어때? 송경운의 비파보다 나아?" 했으니, 전국 팔도에 그의 이름을 모르는 사람이 없는 정도였다.

상상해보라. 이즈음 같으면 이런 모습일 것이다. 어린 아이가 스케치북을 들고 와서 엄마 아빠 그린 거라고 보여주면서 "나 잘했죠? 송경운의 비파만 해요?" 한다거나, 삼삼오오 모인 곳에서 누군가가 우스갯소리를 해서 다들 까르르 웃게 만들고는 "어떤가? 내 유머 송경운의 비파만 하지?" 하는 모습 등. 다들 그의 기준만큼, 그만큼 잘하고 싶다고 한 그는 누구인가?

「포의풍류도」 단원 김홍도의 그림으로, 선비가 비파를 연주하는 모습을 담았다. 비파는 거문고와 함께 조선의 선비들이 풍류를 즐길 때 즐겨 연주한 악기다.

그 이름은 송경운. 그는 한양에서 나고 자랐다. 본래 절도사 이아무개의 하인이었다. 어려서부터 민첩하고 예능에 뛰어났다. 눈이 늘 별같이 빛나는 데다가 이야기도 잘해서 많은 사람들에게서 사랑받고 자랐다. 우연히 눈에 띄어 아홉 살 때부터 비파를 배우게 되었다. 하인 놈이 악기는 무슨 악기냐고 할 만하나 어린 아이가 제법이라 내버려두었더니, 이 꼬맹이가 날마다 집중하여 연습하더란다. 송곳은 주머니 속에 들어가도 그 모습이 주머니 밖으로 삐져나온다고 했던가! 열두어 살 때 이미 온 나라에 그의 솜씨가 알려졌다. 그래서 이곳저곳 잔치 자리에 불려가게 되고, 가는 곳마다 좌중을 압도했다.

　기록이 정확하지 않아 자세히 알 수는 없지만, 그의 솜씨가 점점 알려지고 그 솜씨에 감동한 사람이 늘어가면서 결국 하인 명부에서 이름을 빼내어 평민이 되고 나중에 오위五衛에 속한 정6품 무관직인 군공사과軍功司果가 될 수 있었다. 물론 전쟁 전후의 어수선한 때라 특별히 하는 일은 없이 이름뿐인 벼슬이지만 이를 통해 그는 완전히 면천免賤할 수 있었다. 그리고 어느 잔치 자리나 그 잔치를 만들고 주도해나가는 '핵심'이 되었다.

　「송경운전宋慶雲傳」을 쓴 이기발李起浡(1602~1662년)은 송경운이 그런 솜씨를 갖추기까지 어떻게 수련했는지는 전혀 말하지 않았다. 오히려 "천성적으로 음률을 알아 아홉 살에 비파를 배웠으며, 힘들이지 않고도 뛰어난 경지에 이르렀다"고 썼다. '힘들이지 않고도 뛰어난 경지에 이르는 사람'이 어디 있단 말인가? 다만 그 과정을 보지 못했을 뿐이리라. 각 시대, 각 분야에서 최고라고 했던 사람들 몇 명만 예를 들어보자. 조선 중기에 '근래 100년 동안 이런 명창이 없다'고 평가받은 석개는 들에 나가 노래를 한 곡 할 때마다 자갈 하나를 바구니에 넣고, 다 차면 이번에는 노래 하나에 자갈 하나씩 빼기를 몇 번씩 반복한 후에야 집에 오기를 계속했다. 음악에 일가견이 있는 세종이 인정할 만한 음악적 소질이 있던 임성정은 3년 동안 아무것도 하지 않고 문 앞에 앉아 양손을 번갈아 들며 장구 치는 연습을 했다. 학산수는 폭포 앞에서 노래 연습을 하되 신발을 벗어놓고 노래 하나에 모래 한 알을 넣어서 그 신발이 다 찬 후에야 산에서 내려오기를 몇 년간이나 반복했다. 누가 '힘들이지 않고 뛰어난 경지에 이르렀다'고 말하는가? 그는 정말 보아야 할 것은 보지 못한 사람이다. 송경운의 수련 시절 이야기가 알려지지 않아 아쉽지만 어찌 그가 쉽게 그런 경지에 이르렀다고 하랴.

비천한 나를 찾는 것
오직 비파 때문이니

인조 5년(1627) 정묘호란이 일어나 사람들이 다들 피난길에 나설 때 송경운은 전라도 전주로 길을 잡아 정착했다.

사실 송경운이 음악으로는 최고의 사람이고 어느 연회에서건 그와 함께 하고 싶어 하는 '귀한 몸'이었지만 그래도 그는 그저 한 악사에 불과했다. 조선시대에 악사는 장악원掌樂院에 예속되어 원하든 그렇지 않든 여기저기에 불려 다니며 혹사당하기 일쑤였다. 매인 몸이었던 것이다. 그것이 얼마나 힘들었던지 임진왜란과 병자호란이 일어났을 때 악공들은 거의 다 도망하여 그 길로 악사라는 신분을 감춘 채 조정에 복귀하지 않았다. 악공이 부족해 종묘제례악을 연주할 수 없는 지경에까지 이르러 병자호란 이후에 10년간 종묘제례악이 아예 중단되었을 정도다.* 제례祭禮 의식을 목숨처럼 중요시한 유교 국가 조선에서 종묘제례악이 중단될 정도라면 그

심각성은 더 말할 것도 없다. 난리 중에 도망하거나 포로가 되거나, 전쟁 복구 비용을 대고 악공에서 몸을 뺀 사람들이 많았으므로 국가는 악공 부족으로 시달렸다. 도망한 이들을 붙잡거나 새로 뽑아 쓰자는 건의를 올리고, 억지로 뽑아 쓰면 소요가 일어날 테니 조심해야 한다는 목소리가 조정에서 심심찮게 오고갔다. 또한 돌아오거나 새로 뽑은 악공에게도 국가의 재정 상황 때문에 제대로 봉급을 주지 못하는 일도 허다했다. 『광해군일기』 12년(1620) 11월 9일 기사에는 악공들이 몇 해를 두고 급여를 받지 못해 굶주림과 추위가 몸에 사무쳤다는 장악원의 호소가 나오기까지 한다. 이런 상황을 생각해보면 송경운이 이 전쟁을 맞아 어떻게 피난하고 왜 남쪽 지방에 정착하게 되었는지 저간의 사정을 짐작할 만하다.

송경운은 조정에서 몸을 빼내어 시골로 내려온 후 비로소 삶의 여유를 즐기며 살아간다. 몇 년간 혹사당하다시피 하며 여기저기 연회에 다녔으나 그 모든 것을 끔찍해하거나 원망하지 않은 채 그저 그 모든 상황을 이해하고 인정하며 그래서 더 평안한 시간을 누리며 보냈다.

강호에 기약 두고도 십 년을 분주하니
무심한 백구는 나더러 더디 왔다 하누나

---

* 송방송의 『악장등록연구』(영남대학교 민족문화연구소, 1980년)에 관련 이야기가 자세히 나온다.

종묘제례악宗廟祭禮樂 조선 역대 군왕의 신위神位를 모시는 종묘와 영녕전永寧殿의 제향祭享에 쓰이는 음악으로, 조선은 제례祭禮 의식을 목숨처럼 여긴 유교 국가라 종묘제례악을 매우 중시했다. 중요무형 문화재 제1호이며, 2001년 유네스코에 의해 종묘제례와 함께 '인류구전 및 무형유산걸작'으로 선정되어 세계무형유산으로 지정되었다.

임금님의 은혜가 도타워 보답이나 하려다 왔네

江湖有期約十年奔走 不知之白鷗謂我遲來 聖恩最至重擬報而來

이런 노래를 부르며 평안한 시간을 보냈다는 이야기가 그의 전
기에 수록되어 있다.

송경운이 정착할 당시 전주의 이름은 완산주였다. 조선 후기 판
소리라는 것이 생기고 그것의 인기가 높아지며 서편제니 동편제니
하는 계통까지 생길 때 그 중심에 완산주가 있었다. 그래서 요즘도
'전주대사습놀이'가 시행되기도
하지만, 송경운이 살았을 때만 해
도 대도시인 완산주에조차 아직
음악이 널리 보급되지는 못했다.

비파 동양의 현악기로 몸체는 길이
60~90센티미터의 둥글고 긴 타원형이
며, 자루는 곧고 짧다. 인도, 중국을 거
쳐 우리나라에 들어왔는데, 네 줄의 당
비파와 다섯 줄의 향비파가 있다.

송경운은 워낙 전심으로 좋아하
는 비파라 전쟁 통에 살게 된 완산
주에서도 날마다 비파를 탔다. 그
소리를 들은 사람이 한둘씩 생기
고 차츰 소문이 나면서 완산주 전
역에 그의 비파 연주가 알려졌다.
가끔 초대도 받고 한두 사람씩 그
의 연주를 들으러 찾아오기도 했
다. 한양에서 내려온 벼슬아치들

과 지방 유지인 양반들이 찾아오기도 했지만, 길 가던 나그네, 농사 짓는 옆 동네 사람, 동네 곳곳을 뛰어다니며 노는 꼬맹이들까지 말 그대로 지위고하를 막론하고 남녀노소가 찾아왔다. 누가 오든 그 는 한결같이 대했다. 무슨 일을 하고 있든지 누가 찾아와 비파 연주 를 듣고 싶다고 하면 곧바로 하던 일을 멈추고 비파를 들었다. "비 천한 나를 찾아주는 것은 오직 비파 때문이니 어느 때인들 누구인 들 마음을 다하지 않겠는가……" 하면서 말이다.

사실 문외한에게 정성을 다하여 연주하거나 공연을 하거나 설 명을 하기가 얼마나 어려운가? 예술가들에게 그것은 모욕으로 느 껴질 수도 있는 일이다.

충청도 공주 지방 기생으로 활동했던 추월은 노래를 하고 악기 를 연주하는 데 상당한 솜씨가 있었다. 아무개 대감이 추월은 물론 여러 악공을 함께 불러 풍악을 울리게 했다. 느리고 조용한 곡조를 부르기 시작한 지 얼마 되지 않아 이 대감이 잔뜩 화를 냈다.

"아무개 판서 댁에서 들을 때는 그렇게 신나게 잘하더니, 왜 오 늘은 이 모양이냐? 너희가 나를 무시하는 것이냐?"

추월이 얼른 알아차리고 이렇게 대답했다.

"죄송합니다, 대감. 다시 한번 기회를 주시면 들보가 울리도록 잘해보겠습니다."

추월은 가객과 악공들에게 눈짓을 하고는 빠른 곡조를 큰 소리 로 불렀다. 시장 한복판에 선 듯 시끄럽기만 하고 온갖 곡조가 섞여 도무지 화음이 되지 않았는데 그 대감은 이들의 연주가 마음에 들었는지 매우 좋아했다.

"어허, 이제야 들을 만하구나. 좋다~ 그래 조~오~타. 노래란 이래야지."

연주를 마치고 돌아와서 추월과 악공들은 자기 평생에 가장 우스운 꼴을 보았다며 그 대감을 맘껏 조롱했다고 한다. 미국 버클리 대학 극동도서관에 소장된 『청구야담青邱野談』 2권 「추기임로설고사秋妓臨老說故事」에 실린 내용이다.

아무것도 모르는 사람 앞에서 정성껏 연주하고 자신의 재주를 다한다는 것은 쉬운 일이 아니다. 오죽하면 '세상에서 제일 우스운 일'이라고 할 정도겠는가. 하지만 송경운은 음악을 모르는 사람이라도 무시하지 않았다. 말 그대로 누구 앞에서건 그는 정성을 다하여 비파를 탔다. 한두 곡 하다 만 것이 아니다. 마실 나온 아주머니들 앞에서건 동네 꼬맹이들 앞에서건 노래 법도에 맞추어 비파를 타면서 앞에 앉은 청중이 흡족해할 때까지 멈추지 않았다. 하루 이틀도 아니고 그곳에서 지내는 20여 년 동안을 한결같았다. 완산주 사람들은 감동할 수밖에 없었다. 다들 다투어 혀를 내둘렀다.

"누구에게나 마음을 다하여 기쁘게 하니, 이런 사람이 또 어디 있단 말이오."

송경운은 마침내 온 완산주 사람의 이웃이 되고, 자랑이 되고, 존경의 대상이 되었다. 그런 그의 솜씨를 배우겠다고, 그런 그의 몸가짐을 배우겠다고 찾아오는 제자들도 수십 명이 되었다.

사람을 끌어당기는 것은 비파 솜씨만이 아니었다. 그의 인품이었다. 또한 그가 끌어당긴 사람은 음악인들뿐만이 아니었다. 동네방네 이웃사촌 전부였다. 그리고 그 시대 사람뿐만이 아니었다. 현대 사회에 살며 이 글을 쓰는 필자도 그에게 끌린다.

「송경운전」을 보면 짧지만 눈길을 끄는 대목이 있다. 완산주 사람들이 서로 계를 들어 재물을 모았다는 기록이다. 지금도 사람들끼리 계를 들었네, 누가 첫 번째로 탔네, 누가 곗돈을 잘 내지 않았네, 때로는 누가 곗돈을 전부 들고 튀었네 하면서 온갖 문제가 생기는 것이 바로 이 계다. 이렇게 서로 계를 드는 풍속은 언제부터 생겼을까? 또 그런 계와 관련하여 어떤 일들이 있었을까? 그런데 송경운의 일생을 담은 전기에 계에 관한 이야기가 나와서 얼마간 정보를 준다.

완산주 사람들은 옛날부터 뜻을 같이하는 사람들끼리 서로 계를 들었다. 이를 통해 재물을 모아 서로 돕기도 하고 재테크 수단으로 삼기도 했다. 하지만 재물이 어찌 마음대로 되던가. 한두 명 또는 한두 번 약속을 지키지 못하는 경우가 생기는 것은 어쩌면 당연할지도 모른다. 그래서 부푼 꿈을 가지고 시작하지만 몇 년 지나면 흐지부지되는 경우가 많았다. 그런데 당시 완산주 사람의 풍속은 상당히 드센 편이었다. 특히 아전들이 더욱 그러했다. 누가 계를 하다가 문제가 생기면 아전이 개입하는데 어찌나 드세게 하는

지 못 볼 꼴을 많이 보게 되었다.

송경운도 몇몇 아전들과 함께 계를 결성하여 모였다. 그런데 송경운은 조금이라도 약속을 지키지 않는 이가 있으면 정색하여 그를 꾸짖고, 말도 매우 조리 있게 하여 결국 상대는 물론 좌중이 모두 숙연해지도록 만드는 이상한 힘이 있었다. 송경운 스스로 품위를 지키며 약속도 잘 지키고 사람들을 잘 챙기기도 하다 보니 그의 말 한마디 한마디는 힘을 발휘했다. 그 사납다는 아전들도 그 앞에서는 조금도 속임수나 억지를 쓰지 못한 채 잠잠할 뿐만 아니라 오히려 그를 존경하기까지 했다. 다들 혀를 내두르며 "송경운은 워낙 기개가 있어 완산주의 이 험한 풍속도 그를 어찌할 수는 없구나" 했다. 환경에 영향받지 않을 인간은 없다지만, 송경운은 오히려 환경에 영향을 주며 완산주 사람들을 은근히 감화시키기까지 한 것이다.

사람을 즐겁게 해주지 못하면 그게 무슨 음악인가

「송경운전」을 쓴 이기발은 조선 후기 문신으로 병자호란 당시 근위병을 모집하여 한양으로 진격하는 중에 이미 강화가 이루어지는 바람에 완산주로 돌아와 만년을 보낸 인물이다. 그는 본래 한양의 유명한 악사 송경운과 아는 사이였다. 완산주에서 우연히 그와 마주친 것이 인연이 되어 그와 교제를 나누고 나중에는 송경운의 전기를 남겼다. 이기발의 문집 『서귀유고西歸遺稿』에 담긴 「송경운전」 덕에 우리는 오늘 송경운이라는 인물을 기억할 수 있다. 이 글에는 어느 날 송경운이 음악에 대해 했다는 말이 적혀 있다. 말인즉 이렇다.

비파는 옛 곡조와 지금의 곡조가 다르다. 옛 곡조가 느린 템포로 우아한 소리를 낸다면 지금 곡조는 빠른 템포로 솔직한 감정을 드러낸다. 송경운은 넉넉하고 차분하며 비루하지 않다는 이유로 옛 곡조를 좋아하여 그것을 발전시키기 위해 온몸을 바치고 이를 대대로 전하려 했다. 그런데 자기 연주를 듣는 사람들은 이것을 좋아하지 않더란다. 왜 그럴까 깊은 고민 끝에 그는 이런 결론을 냈다.

"가만히 생각하니, 음악이란 사람을 기쁘게 하는 일을 주로 하는 것인데, 만약 음악을 듣고도 즐겁지 않다면 아무리 훌륭한 악기를 가져다 좋은 연주를 한들 그게 무슨 소용인가 싶었습니다. 그래서 제 곡조를 변화시켜 거기다가 요즘 곡조를 간간이 섞어서 요즘 사람들이 즐거워할 수 있도록 만들었답니다."

결국 송경운은 온 나라 제일이라는 실력을 인정받으면서도 자기만의 음악을 고집하지 않고 사람들의 눈높이에 맞추려는 노력을 아끼지 않았다. 자신만의 취향을 고집하지 않고 음악의 본령을 잊지 않았다. 본질적으로 사람을 위해 있는 것이 음악이다. 본질적으로 사람을 기쁘게 하고 감동시킬 수 있어야 음악이다. 그런 원칙이 확고했기에 송경운은 기꺼이 그 본령을 위해 자신의 것을 변화시킬 수 있었다. 그러기에 온 완산주 사람이 자기 가족인 양 그를 따르고 믿고 함께 즐거워할 수 있었던 것이다. 대중을 위해 일하는 것이 진정한 참 예술이라는 고귀한 예술관을 조선 중기 한 예인에게서부터 볼 수 있다는 사실이 참으로 놀랍기만 하다.

사실 조선시대 유학자들은 중국 상고시대 요순 임금의 통치를 이상적인 사회로 보고, 할 수만 있으면 그 시대로 돌아가고자 하는 복고적인 성향이 강했다. 문장에서도 산문은 진한秦漢 시기의 것을 기준으로 하고, 시는 성당盛唐 시기의 것을 기준으로 해야 한다고 주장했다. 그래서 이 시기 이후에 나온 글에서 인용한다거나 그 이후에 나온 이미지 전달 방식, 의미 등을 추구하는 시나 산문은 철저히 배격하는 사람이 많았고, 스스로 그런 사람이라고 표방하는 것을 자랑으로 여기는 사람까지 있었다. 나중에는 이것이 심화되다 보니 모든 사람의 글이 천편일률적이 되는 부작용까지 생길 정도였다.

음악에서도 마찬가지여서 옛 중국의 악곡을 들여와 그것을 그대로 연주하는 것만이 옳다고 주장하며 조금의 변화도 인정하지 않는 사람이 있었다. 16세기 초반 활동한 악공 강장손姜長孫은 특히 거문고 연주로 유명했다. 평소 그는 우리나라와 중국의 소리가 달라서 중국의 음악을 그대로 연주하는 경우 그 소리가 꼭 우리 절주節奏에 맞지는 않는다고 생각했다. 그래서 어느 날은 중국에서 전해진 「귀거래사歸去來辭」 곡조를 고쳐서 우리만의 분위기에 맞게 재창작하여 연주했다. 그랬더니 평소 시큰둥하던 사람들까지 다들 귀를 쫑긋 세우고 좋아했다. 음절이나 곡조도 자연스러웠고, 우리나라 사람들의 정서에 맞도록 분위기도 조절했으니 말이다. 어쩌다 우연히 강장손의 곡조를 들은 사람들이 다투어 이것을 따라하더니 금세 전국에서 이 곡조대로 연주하게 되었다.

당시 장악원 제조提調로 있던 찬성贊成 이장곤李長坤(1474년~?)이 이 소식을 들었다. 이장곤은 연회 등에서 공연되는 모든 음악과 무용을 담당하는 관청의 수장이니 이 문제를 묵과할 수 없다며 강장손을 불렀다.

"네가 강장손이냐?"

"예."

"듣자니 네가 「귀거래사」를 잘 연주한다던데 한번 연주해보라."

강장손은 줄을 고르고 곧 연주를 시작했다. 그런데 겨우 한두 마디 연주했을 때, 이장곤이 소리쳤다.

"저놈을 끌어내려 곤장 80대를 쳐라! 네놈이 어찌 감히 마음대로 거짓 음악을 만들어 사람들을 미혹시키느냐?"

강장손은 이날 맞은 매가 과하여 죽고 말았다. 중국에서 전해진 본래 음악을 변형하여 달리 연주한다는 것은 용서할 수 없는 반역행위로 여긴 것이다. 하지만 정말 그런가? 사람들이 그렇게 호응하며 기뻐한 이유는 무엇인지 조금이라도 생각해볼 수 없었던가?

어쨌든 강장손의 죽음으로 말미암아 「귀거래사」 곡조는 끝내 끊어지고 말았다. 어숙권魚叔權의 『패관잡기稗官雜記』에 자세히 나오는 이야기다.

자기 분야만 최고인 양 하고, 다른 것은 천하다는 둥 격조가 없다는 둥 하며 백안시하는 이들이 많은 것이 사실이다. 어느 성악가가 사람들이 많은 공연장에서 유행가를 불렀다는 이유로 다른 성악가들에게 질타를 받았다는 이야기를 들은 적이 있다. 어느 판소리 창가가 쇼 프로그램에 나와 창을 불렀다는 이유로 판소리를 하는 사람들 사이에서 왕따가 되었다는 이야기를 들은 것도 불과 몇 년 전이다. 그러나 다행히 이제는 시대가 많이 달라졌다. 대중과 함께 하고자 하는 노력이 각 분야에서 일어나고 있다. 대중과 함께 하고자 학생들을 모아 발레를 보여주며 간간이 설명을 곁들이는 수업 같은 공연이 나타나고, 비싼 공연을 보지 못하는 사람들을 위해 저렴한 가격에 작품의 주요한 부분만을 보여주는 갈라 콘서트도 많이 생겼다. 모든 것의 중심은 사람이며, 사람과 함께 호흡하기 위해 있는 것이 바로 모든 예술과 문화임은 가장 기본적인 사실이다. 그 깊은 깨달음의 걸음을 일찍부터 걸은 사람 송경운을 함께 기억할 일이다.

송경운은 죽을 때 제자들에게 이런 유언을 남겼다.

"나는 음악을 내 일로 삼아 평생을 보냈으니 내가 죽거든 내가 일 삼았던 그 음악을 연주하여라. 내 혼이나마 그 소리를 듣고 즐거워하리라."

그의 유언대로 송경운의 장례 행렬 뒤로 그의 제자들이 생전에 그가 즐기던 비파를 연주하며 따랐다. 그리고 그 장례 행렬이 지나갈 때 온 완산주 사람들이 길이 메어지도록 나와 슬퍼했다. "세상에 이 같은 사람을 어찌 다시 볼 수 있을까? 아아!" 하면서 다들 통곡했다.

예능인이 천시되고 양반과 상민의 구별이 뚜렷한 시대라 그가 비록 높은 벼슬에 올라 이름을 날리는 성공은 이루지 못했지만, 그의 죽음에 한 대도시 전체 사람이 슬퍼했다면 그야말로 '참 성공'이 아닐까?

사람이란 수많은 모습 중에 특히 가는 뒷모습이 아름다워야 한다고 했다. '유종의 미'라는 말의 의미를 거기에 적용해볼 수 있다. 음악을 사랑한 이들 중에 죽어 다른 세상으로 돌아가는 모습이 아름다운 이들이 몇 있다. 죽는 순간까지도, 아니 죽어서도 자기 음악을 사랑하여 세상 모든 것은 두고 가되 음악에 대한 사랑은 가져가려 한 이들의 이야기가 있다.

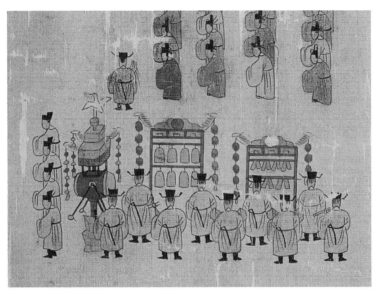

「시사도」 조선시대의 악기 연주 모습을 담았다. (국립중앙박물관 소장)

조선 초기 재상을 지낸 상진尚震(1493~1564년)이야말로 바로 그런 사람이다. 그는 임종 직전에 자기 평생을 정리하며 스스로 명銘을 짓되 "시골에서 일어나, 세 번 재상의 관부에 들었다. 늘그막에 거문고를 배워 늘 「감군은感君恩」 한 곡조를 타다가 천수를 마쳤다"라고 하여, 평생 업적을 '세 번 재상의 관부에 들었다'는 표현으로 요약하고 오직 거문고와 평생을 보냈다고 겸손히 말한 사람이다. 살아서도 절대 남의 약점을 말하지 않는 돈후한 성품으로 어지러운 정치판에서 오랫동안 재상으로 있으면서도 어느 누구에게 손가락질 한번 받지 않은 사람이다. 그가 죽은 뒤에 부인 정경부인 김씨는 남편의 평생 마음가짐과 음악에 대한 사랑을 잘 알기에, 제사상에 평소 남편이 입던 옷과 그가 타던 거문고를 올려 제사를 지냈다. 이만 하면 상진은 음악과 함께 살다가 음악과 함께 죽었다고 할 수 있을 것이다. 음악 소리를 들으며 묻힌 곳으로 이동하는 송경운의 장례 행렬과도 묘하게 공통점이 느껴지는 이야기다.

상진의 거문고 이야기가 나왔으니 그 후문을 덧붙이고자 한다. 정경부인 김씨가 죽은 후 시간도 흐르고 임진왜란도 겪는 통에 이 거문고를 잃어버렸다. 상진의 외증손 중 이후기李厚基도 거문고를 좋아하여 좋다 하는 거문고는 다 구경하고 직접 연주도 하며 다녔다. 그러다 어느 집에서 우연히 상진이 켜던 거문고를 발견하고는 놀라서 솜씨 좋은 장인에게 가져다주며 손을 보게 했다. 거문고를 살피는 도중 이번에는 이 장인이 매우 놀라는 것이었다.

"이것은 제 아버님께서 깎으신 것입니다. 제가 어렸을 적 상공께서 부탁하신 것이지요. 이것을 다시 보다니……."

자손에서 자손으로 이어지는 묘한 사연에 모두 놀라고 기이하게 여겼더란다. 이식李植의 『택당집澤堂集』 12권 「상성안금명尙成安琴銘」에 그 사연이 자세히 적혀 있다.

그 거문고에는 이런 「금명琴銘」이 새겨져 있었다 한다.

거문고가 이 사람인가
사람이 이 거문고인가

사람 덕에 거문고가 전하는가
거문고 덕에 사람이 전하는가
사람이나 거문고나 없어지지 않았으니
다시금 이제부터 시작하리라
琴其人耶 人其琴耶 以人傳琴 以琴傳心 人琴不亡 更始自今

　그때도 사람이 살았고 지금도 사람이 살며, 그때도 거문고가 있
었고 지금도 거문고가 있다. 그렇다면 그 음악이나 거기에 담기는
인간의 삶도 영원히 이어지리라.
　다시금 송경운의 이야기로 돌아와보자. 이기발은 송경운의 삶
을 기록하며 뒷부분에 이런 논평을 덧붙였다. 곧 송경운은 남을 즐
겁게 하는 것이 큰일이라 자기의 작은 수고를 생각할 겨를이 없음
을 알았고, 자기의 작은 기예로 많은 사람을 기쁘게 할 수 있음을
다행이라 여겼으며, 작은 기예 때문에 남에게 뽐내면 안 된다는 것
을 알았음은 물론 음악을 도구로 남에게 다가갈 수 있음을 알았던
사람이라고 했다. 이 밖에도 몇 가지를 더 말한 후 이기발은 "높은
지위에 있는 사람이 경운을 본으로 삼는다면 천하를 다스림에 무
슨 문제가 있으랴"했다.
　이기발의 말대로 진정 우리는 송경운에게서 배울 것이 많다. 먼
저 하인의 신분으로 태어났으되 그 기예를 드러내며 사람들을 즐
겁게 해주었고, 이를 이어 음악인이 되었으되 한 분야에서 절대 빠

질 수 없을 만큼의 핵심이 되었다. 남에 의해 조정되는 것이 아니라, 남을 기다리는 것이 아니라, 모든 분위기를 이끌고 결정하며 남이 자신을 찾게 만드는 사람이 되었다.

그러나 송경운은 여기에서 더 나아갔다. 한 사람 한 사람을 그들의 입장에서 그들 마음에 흡족할 때까지 최선을 다해 대하는 태도, 신분의 높고 낮음이나 나이의 많고 적음에 상관없이 상대에게 늘 겸손한 자세, 자신이 최고 기술을 가졌을지라도 대중의 입장에서 함께 그것을 이해하고 즐길 수 있도록 시대에 맞게 변화할 줄 아는 예술관! 그 모두가 우리가 배워야 할 주옥같은 것들이다. 그의 장례 행렬에 한 도시 사람 전체가 울었던 것을 상상해보라. 그가 음악이라는 방면에서 이룬 것은 작은 성공이다. 하지만 그가 모든 사람의 마음까지 얻은 인품까지 갖춘 것은 참으로 가치 있고도 큰 성공이다.

하늘 아래 땅 위에 있는 조그만 한 몸이여

천지와 나란히 함께하여 삼재三才가 되었네

하늘 땅 사이 삼라만상 내 본분의 일 아님 없음이여

하나라도 규명치 못한다면 나의 일은 끝나지 않은 것

6_ 삼정승 육판서가 두루 찾은
박물학자 황윤석

하늘 땅 안의 모든 것이 내 관심사

불과 몇 년 전만 하더라도 무언가 궁금한 것이 생겼거나 해석상의 오해를 풀어야만 하는 상황에 처할 때 관련 정보를 찾거나 여러 사례를 비교하는 일은 그리 쉽지 않았다. 출판 사정이 좋지 않았던 옛날의 경우는 더했다. 참고서적류가 많지 않았을 뿐더러 사람들이 상호간에 자주 만나 의견을 교환하는 일, 또는 만나지 않더라도 글이나 말을 통하여 가진 정보를 비교하는 일 등을 하기가 어려웠다. 영·정조 시절 어느 분야에서 일하는 누구냐를 따질 것 없이 궁금한 게 생길 때면 가장 먼저 떠올리며 도움을 청하는 사람이 있었으니 그가 바로 이재頤齋 황윤석黃胤錫(1729~1791년)이다. 그는 온갖 분야를 섭렵하여 그것들에 정통했기에 그를 박물학자라 부를 만했으니, 박물학자는 요즘말로 '걸어 다니는 백과사전'이라 옮길 만한 이름이다.

겉을 꾸미는 데만 익숙한 사람이 아니라 참 자기 실력을 갖추고, 자기 정체성과 자기 일에 대한 사명감을 가지며, 참 판단력을 갖춘 채 정보를 처리할 수 있는 사람이야말로 참으로 이후의 인생에서 우뚝 설 수 있는 사람이다. 지식 처리 능력을 갖추고 그런 지식의 소유자로서 자신의 위치를 자각하고 이를 자랑스러워한 황윤석은 그런 면에서 참 의미 있는 삶을 산 사람이라 할 수 있다.

모든 순간에 배우다

황윤석의 자는 영수永曳이며 호는 이재로, 그의 8대조 황수평黃守平이 인종 시절 을사사화 때 전라도 덕흥으로 낙향하여 산 이래 후손들은 그곳에서 살았다. 그는 영조 33년(1757) 3월에 29세의 나이로 진사시에 합격하여 영조 42년(1766) 38세에 유일遺逸로 천거되어 장릉 참봉莊陵參奉이라는 첫 벼슬을 한다. 정치적인 문란과 과거제도의 부정 등으로 결국 문과에 급제하지는 못했기에 한양의 여러 미관말직과 목천 현감과 전의 현감이라는 지방관을 지낸 것이 그의 벼슬 이력의 전부다.

그의 증조부 황세기黃世基는 송시열宋時烈을 숭상했으며, 작은 할아버지 황재중黃載重은 김창협金昌協의 문인이었다. 그의 아버지 황전黃㙻은 비록 문과에는 급제하지 못했지만 평생 공부에 힘썼고 책

황윤석黃胤錫 생가 '하늘'이나 '땅'과 동일한 '인간'으로서 세상의 모든 이치와 물질들을 알기 위해 평생을 바친 황윤석은 54년간 57권 분량의 일기를 써서 『이재난고頤齋亂藁』를 남겼다. 전라북도 고창에 있다.

에 대한 애정이 각별했다. 어느 날은 자신이 가지지 못한 책을 파는 사람이 나타나자 그 자리에서 소를 팔아 그것을 샀다 한다. 지금도 그렇지만 그 옛날에 농촌에서 소는 한 집안에서 대단히 큰 재산목록에 속한다. 그럼에도 선뜻 그것을 내다 팔아 책을 살 정도로 공부에 열의가 있었던 것은 황윤석에게 큰 영향을 미쳤다. 이러한 집안 분위기의 영향으로 황윤석은 어려서부터 공부하기를 좋아하는 박학다식한 사람이 되었다. 스스로 항상 '군자가 되어 하나라도 알지 못하는 것이 있다면 부끄러운 일이다[君子恥一物不知]'라는 것을 학문의 좌우명으로 삼아 과거시험을 치르기 위한 공부뿐만이 아니라 다양한 분야에 관심을 갖고 공부했다.

그가 공부하는 과정은 어떠했을지 직접 설명하는 부분은 없다. 필자는 그것을 궁금해하던 차에 동진東晉의 갈홍葛洪(283~343년)이 남긴 『포박자抱朴子』의 서문을 보았다. 이것을 보면서 열심히 공부한다는 것이 무엇인지 그려볼 수 있었다. 그 내용은 이렇다.

열세 살 때 아버지께서 돌아가셔서 일찌감치 부친의 교훈을 받을 기회를 잃었다. 먹는 것과 입는 것도 제대로 챙기지 못하였으므로, 자신의 손으로 농민이 하는 일을 하지 않으면 안 되었다. 해가 뜨는 때부터 풀을 밟아 밭일에 온 힘을 다하였다. 게다가 몇 번이나 전란을 당하여 선조 대대로 전해온 장서를 완전히 태워버리고 말았기 때문에, 밭일하는 짬짬이 읽을 책이 없었다. 그래서 서적을 넣는 상자를 등에 지고 책을 빌려 걸어 돌아다녔는데, 한 집에서 서적을 전부 볼 수 있는 경우란 결코 없었다. 시간과 수고를 많이 쏟아야 하였으며, 땔나무를 베어 내다 팔아 그 돈으로 종이와 붓을 사서 밭일하는 곳에서 횃불 빛에 비추어 책을 베꼈다. 그런 까닭에 일찍 학문에 친근할 수가 없었다. 언제나 종이가 부족하여 글을 쓸 때마다 몇 번이고 거듭 썼기 때문에 다른 사람은 판독할 수가 없었다.*

낮에 일하고 밤에 공부하는 주경야독은 물론, 낮에 일할 때에도 쉬는 시간을 공부하는 시간으로 삼는 모습, 가난을 탓하지 않고 책을 빌리러 다니는 모습, 책을 다 보고 싶어서 이 집 저 집 모조리 다니는 모습, 살 수 없으나 중요한 책은 베껴서 간직하려는 모습, 종이 살 돈이 없지만 기록은 해두고 공부는 해야겠기에 종이에 흰 면이 조금이라도 있으면 위에건 아래건 옆이건 가리지 않고 깨알같이 써놓아 오직 자신만 판독할 수 있었다는 사연이 하나하나 눈에 보이는 듯 그려진다.

황윤석이 온갖 것을 다 학문의 대상으로 보고 공부하여 기록으로 남긴 것을 생각하면 그 공부 모습이 갈홍과 크게 다르지 않았을 것 같다. 황윤석의 『이재전서頤齋全書』에는 안 나오는 내용이 없다고 말해도 과언이 아니다. 예를 들어 우리나라에서 나는 산물을 살

* 가와이 코오조오, 『중국의 자전문학』(심경호 옮김), 소명출판, 2002년, 62쪽 인용.

삻이 써서 그 용도를 적은 것이 있는데 그 종류가 혀를 내두를 정도다. '지렁이즙'이라는 항목을 두어 "길바닥에서 죽으려는 지렁이의 즙으로 도자기 그릇 등을 붙이면 매우 견고하다"고 설명했고, '달인 꿀'이나 '엿'을 설명하면서 "가락지나 비녀를 잘못 삼켰을 때 이들을 갈아 즙으로 마시면 저절로 나온다"느니, '달걀 흰자위'를 말하면서 "이것을 백반 가루와 섞어 기와나 사기그릇을 붙이면 매우 견고하다"라고 설명해놓았다. 어느 지방의 어느 곳에는 무엇이 많이 나오는데 이것은 무엇을 쓰는 데 사용할 수 있고, 또 어디에서 나는 무엇은 어떻게 사용하는데 품질이 어떻고 가격이 어떻다는 것까지 다 나온다. 이것들을 들여다보고 있으면 황윤석은 그야말로 온 세상과 모든 사람들의 살림살이, 그리고 자연의 모든 것을 사랑한 생태학자라는 생각이 들 정도다. 조선조 선비 중에서 이런 사람을 다시 볼 수 있을까 싶다.

황윤석은 38세 때부터 벼슬살이를 한 이래 총 21년 동안 14개 관직을 거쳤으나 직책은 모두 미관말직에 불과했고, 한 자리에 있는 기간조차 매우 짧아 21년 동안 무직인 때가 더 많았다. 첫 벼슬 장릉 참봉은 딱 2년 동안 했고 다음 벼슬 행의영고 봉사行義盈庫奉事는 1년간 했으며, 다음 벼슬인 사포서 직장은 1년도 채우지 못했다. 43세 때 받은 행사포서 별제行司圃署別提라는 벼슬은 겨우 서너 달 하다가 직을 잃었고, 그 후 한참이나 조정 주위를 서성이기만 하다 5년 후에야 겨우 행세손익위사 익찬行世孫翊衛司翊贊을 했으나 그것조차 한 달을 채우지 못했다. 이어 또 2년을 무직으로 지내다 행동부 도사行東部都事를 했으나 그 직위 역시 1년을 가지 못했다. 그는 아버지의 강력한 권고를 뿌리칠 수 없어 온갖 부정을 보면서도 과거시험에 나아가 대과를 치르다 이것을 완전히 포기하고 낙향하는 59세 때까지 이런 비슷한 생활을 계속했다.

그러나 이 21년이야말로 황윤석을 황윤석이게 만든 시간이었다. 21년이라는 이 기간은, 보통 사람 같으면 실패한 인생이라 여겨 신세를 한탄하면서 술이나 마실 시간이었으나 황윤석은 이 기간에 오히려 더욱 자신을 갈고 닦았다. 미관말직이나마 그 자리에서 공부할 수 있는 각종 행정절차나 법령을 익히고 기록했으며 그 관청에서만 볼 수 있는 각종 서적을 탐독하고 요약했다. 각 직책에서 모신 여러 인물들의 일화나 특징을 적기도 했다. 예를 들어 장릉 참봉으로 있을 때는 장릉에 대해 전반적으로 연구하는 한편 관련 읍지邑誌를 고찰하여 『장릉통궤莊陵通軌』를 썼고, 의영고 봉사로 재직할 때는 그곳에 있는 책을 탐독하여 우리나라의 역사와 문물과 풍속과 지방색을 섭렵했으며, 종부시 직장으로 있으면서는 『경국대전』이 완성되기까지 거치는 수정과정을 추적하고 변화 내용을 살피기도 했다. 곡식과 금전을 계산하는 방법, 토목공사에 소요되는 인부와 비용 산출방법을 깨우친 것도 바로 이때다.

결국 그는 경서經書와 역사서에 정통한 것은 물론, 심성이기心性理氣라는 성리학적인 관심사뿐만 아니라 음악이나 언어학, 서예,

그림, 의약醫藥, 상수象數 등을 두루 알게 되고, 흔히 이단이라 분류
되는 불교나 도교 등을 포함한 구류백가九流百家까지 모르는 것이
없을 정도의 박물학자가 되었다. 그리고 나니 국가의 각 기관, 높
은 학자들조차 모르는 것이 생길 때 그를 찾게 되었다.

나는 세상을 이루는
셋 중의 하나이니

1769년(영조 45) 당시 임금 영조는 송말원초宋末元初의 학자 마단림
馬端臨이 쓴 방대한 백과사전류 서적인『문헌통고文獻通考』의 형식에
따라 우리나라의 일을 엮은『동국문헌비고東國文獻備考』를 간행하라
고 했다. 이를 위해 당상堂上 여덟 명과 당랑堂郞 여덟 명을 선발해
일을 맡겼으나 당상관들은 모두 그 방대하고도 세밀한 일에 역부
족임을 느끼고 각 분야 전문가를 두루 물색했다. 8당상 중 한 사람
인 정존겸鄭存謙(1722~1794년)은 황윤석의 학식이 깊은 것을 알고 영
조 46년(1770) 1월부터 여러 차례 그에게 사람을 보내어 각종 책의
교정을 보고 발췌할 부분에 표시해달라고 요청했다. 어느 때는『고
려사세가高麗史世家』를 보내며 다른 책과 비교했을 때 어떠한가 묻
기도 하고 이것을 다른 역사서와 비교하여 정리해달라고 했다. 어
느 때는『동사유보東史遺補』나『악학궤범樂學軌範』을 보내어 주석을
해달라 했다. 정존겸뿐만 아니라 팔당팔낭이 감당하지 못하는 일

들이 매번 황윤석에게 왔다. 황윤석은 근무를 하는 외 시간을 온통 여기에 보내며 그 모든 종류의 책을 다 감당해냈다.

황윤석은 매 순간 주어진 직책에 충실하며 늘 책을 가까이하며 기록에 열중하고, 퇴근 후에는 밤늦은 시간까지 대감들이 보낸 책들을 붙들고 꼼꼼히 작업했다. 그러다 실명할 정도의 위기까지 겪었다. 영조 46년(1770) 1월 한 달에만도 『선묘보감宣廟寶鑑』 다섯 권, 『삼국사기三國史記』 여덟 권, 『휴와잡찬休窩雜纂』 세 권, 『국조명신록國朝名臣錄』 네 권을 살피며 잘못된 것을 고치고 내용을 보충하는 작업을 하여 일을 맡긴 이들에게 돌려보냈다. 이 무렵 '눈이 짓무르고 침침해' 안경을 구하고 싶었지만 돈도 없고 귀한 물건이라 구할 수 없다면서 '그래도 무리해서 책을 보는 수밖에 없다'는 한탄을 일기에 적어두기까지 했다. 2월 24일에는 '눈병을 앓아' 요청을 들어드릴 수 없다면서 정존겸에게 안경을 빌려달라고 편지를 썼다. 늘 성실하고 꼼꼼한 교정에 감동을 받은 정존겸은 이해 4월에 세상에서 가장 좋다고 하나 쉽게 구할 수 없는 안경인 오수정 안경을 구하여 선물하면서 감사의 마음을 표현했다.

5월까지 교정을 봐서 돌려보내는 일을 계속하던 황윤석은 그달 7일 영조를 만나는 기회를 얻었다. 삼정승이 모두 황윤석의 박식을 칭송하며 천거했다. 특히 영의정 김치인은 편집청 낭청을 선발할 때 후보 명단에 넣고 싶었지만 과거에 급제한 문관만 할 수 있다는 자격 때문에 그러지 못했다고 했다. 그러나 여러 당랑이 모든 사안과 항목들을 황윤석과 상의한다고 아뢰었다. 영조는 웃으면서 어디에 사느냐 묻고 또 그 밖의 몇 가지를 더 묻더니 "과연 듣던 대로 박식하구나"하면서 칭찬했다. 이때의 일을 황윤석은 '꿈에도 그리는 일'이었다고 감탄하며 일기에 기록했다. 그달 16일에 그는 경복궁에서 영조를 다시 만났다.

"국초에 도성에는 어떤 이름의 궁궐이 있었는가?"

"그 건물은 어디 있었는가?"

영조의 질문은 계속 이어졌다. 역법에 대해 묻는 왕의 물음에도 황윤석은 곧바로 정확히 답했다. 영조는 탄식했다.

"이런 인재를 이제야 만났단 말인가!"

하지만 그걸로 그쳤을 뿐 안타깝게도 더 이상의 특별대우는 없었다. 그래도 황윤석은 학문 연마를 계속했다.

다음 임금 정조 시절 조정에서 『동국문헌비고』를 수정할 때 황윤석이 천문, 지리, 역사까지도 모두 능하다 하여 그에게 총책을 맡기자는 논의까지 나올 정도였다. 문과를 치르지 않았기에 결국 실행하지는 못했지만, 학식이 깊은 당상관이나 맡을 만한 일에 거론될 만큼 그가 널리 인정받았음을 이를 통해 알 수 있다.

황윤석이 실명할 정도까지 여러 책을 탐독하며 온갖 분야의 지식을 갖춘 박물학자가 된 것은 무엇 때문일까? 황윤석은 나름의 사명감을 가지고 이 일을 했음을 알 수 있다. 그는 「자경잠自警箴」을 써놓고 자신을 다독였다.

하늘 아래 땅 위에 있는 조그만 한 몸이여
천지와 나란히 함께하여 삼재三才가 되었네
하늘 땅 사이 삼라만상 내 본분의 일 아님 없음이여
하나라도 규명치 못한다면 나의 일은 끝나지 않은 것

세상을 이루는 세 가지는 하늘과 땅과 사람이라는 것이 삼재三才
다. 사람이 하늘이나 땅과 동등한 존재라면 세상의 모든 이치나 원
리를 다 규명하는 것이 바로 사람으로서 해야 하는 숙명적이고도
가치 있는 일이라는 것이다. 그런 철저하고도 진지한 도전으로 그
는 날마다 열심히 산 학자다.

그간 여러 학자들의 연구를 통해 18세기 조선 지식인들의 특성
이 규명되었다. 도학道學에만 관심을 갖는 태도로 하찮은 물건들에
관심을 쏟다 보면 뜻을 잃는다는 완물상지玩物喪志의 정신이 주름
잡던 전 시대와 달리, 이 시기는 모든 사물의 이치를 끝까지 파고
들어 앎에 이른다는 격물치지格物致知의 정신이 대두되었다. 그리
하여 담배면 담배의 모든 것을 기록하여 담배의 경전인 『연경煙經』
(이옥李鈺 지음)을 만들어내기도 하고, 꽃이면 꽃의 모든 것을 기록하
여 꽃의 족보를 만들듯 엮은 『백화보百花譜』(김 아무개 군 지음)가 나타
나기도 했다. 정약용은 자신이 죄인으로 유배를 가는 바람에 출세
의 길이 막힌 아들이 닭을 키운다는 말을 듣고 아들에게 닭을 키우
더라도 닭의 모든 것을 다 알아보고 기록하며 키워서 『계경鷄經』을

쓸 듯이 하라고 했다. 실학적인 학풍과 맥이 닿은 학풍의 영향으로 특정 분야가 아니라 다양한 분야의 내용을 그야말로 샅샅이 독파하여 기록한 이규경의 『오주연문장전산고五洲衍文長箋散稿』 같은 백과사전 유의 책이 나오기도 했다. 심지어 고소설 분야에서도 이 시기에 동서고금의 온갖 지식들을 다 쏟아 넣은 백과사전식 소설이 나왔다. 『옥선몽玉仙夢』, 『삼한습유三韓拾遺』 같은 소설들이 바로 그것이다. 황윤석은 이런 시대정신이 만들어낸 인물이자, 이런 시대정신을 만들어낸 인물이기도 하다.

자기가 하는 일에 가치를 부여하며 주어진 자리에서 최선을 다하는 사람이야말로 세상에서 가장 아름다운 사람이다. 미관말직을 전전했을지라도 황윤석은 자기 스스로 '하늘'이나 '땅'과 동일한 위대한 한 '인간'이라 자부했다. 그리하여 그 세상을 이루는 삼 요소 중 하나인 인간으로서 세상의 모든 이치와 물질들을 알려고 했다. 그리고 그것이 가치 있다고 여겼으며 이것에 평생을 바쳤다. 자기 일의 가치는 스스로 만드는 것이다. 황윤석에게서 현대인이 배워야 하는 것은 바로 그런 점이다.

일기는 한 사람의 역사이니

황윤석이 오늘날 우리에게 남긴 가장 위대한 유산은 어마어마한 분량의 일기다. 각종 전란이나 사화, 임금의 즉위나 사망, 국가 정

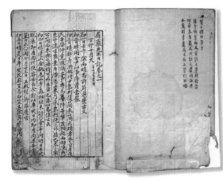

『미암일기眉巖日記』 조선 중기의 학자 유희춘柳希春의 친필일기로, 보물 제260호다. 자신의 일상생활과 당시 조정에서 일어난 사건은 물론, 경외京外 각 관서의 기능과 관리들의 내면적 생활, 사회·경제·문화·풍속 등을 여실히 보여주는 귀중한 기록이다.(국립중앙도서관 소장)

책 수립 등 역사상 있었던 굵직한 사건들은 국가의 각종 역사서 등을 통해 드러나기에 대체를 파악하기에 부족하지 않다. 그러나 그 시대를 살았던 인물들 한 사람 한 사람이 그 사이에서 보고 듣고 느끼며 헤쳐 나가야 했던 현실을 느끼기에는 부족하다. 이때 개인이 충실히 기록한 일기는 과거를 미시적이면서도 입체적으로 접근하는 데 큰 도움이 된다. 유희춘柳希春(1513~1577년)의 『미암일기眉巖日記』, 이문건李文健(1494~1567년)의 『묵재일기默齋日記』, 유만주兪晚柱(1755~1788년)의 『흠영欽英』 등이 바로 그런 의미에서 많은 것을 말해주는 가치 있는 일기로 거론된다.

황윤석은 10세 때부터 63세에 죽기 이틀 전까지 54년간 총 57권 분량의 일기 『이재난고頤齋亂藁』를 썼는데, 글자 수로는 총 527만 4천여 자 분량이다. 이는 현존하는 우리나라 일기 가운데 기록한 기간

면에서나 분량 면에서나 최고의 일기다. 뿐만 아니라 황윤석의 일기는 그 내용의 다양성에서도 주목할 만하다. 거기에는 일기 본연의 기능이라고 할 수 있는 개인사의 기록이 있는 것은 물론이요, 생활하면서 만나는 모든 일과 느낌을 그때그때 시로 표현한 수많은 시편들이 있는 문집이며, 자신이 평생 목숨을 다해 읽은 각종 책들에 대해 요약해두거나 그것에 대한 자신의 의견을 적은 독서록이기도 하고, 한양의 말단 관리로서 또는 지방 고을의 수령으로서 매일 보고 듣고 한 일을 기록한 근무일지이기도 하다. 오늘날 학자들은 이 일기를 보고 지금은 터만 남은 여러 유적지를 복원해내기도 하고, 옛 수령들의 근무 상황을 파악하기도 하며, 여러 질병이 걸렸을 때 쓰는 각종 처방을 보기도 한다. 이 일기 하나로 조선시대 사람들의 삶의 거의 모든 면을 볼 수 있을 정도다.

일기는 왜 쓰는가? 왜 힘들게 하나하나 기록하는가? 유만주는 자기가 하루도 빠짐없이 일기를 쓰는 것의 의의를 『흠영』「을미서乙未敍」 앞부분에 다음과 같이 설명했다.

일어난 일을 날마다 기록하는 것은 옛날이나 지금이나 다르지 않다. 사람이 세상에 사는 동안에는 일이 없지 않아 내 한 몸에 모여든 일이 언제고 그칠 때가 없다. 한 날 한 날이 다르고 한 달 한 달이 다르다. 사람은 가까운 일이면 자세히 기억하지만 조금 멀어지면 헷갈리며, 아주 먼 일이면 잊어버리게 마련이다. 하지만 일기를 쓴다면 가까운 일은 더 자세하게 기억하고, 조금 지난 일은 헷갈리지 않으며, 아주 오래된 일도 잊지 않게 된다. 법도에 어긋나지 않는 일은 일기를 쓰다 보면 더 잘 행하게 되고, 법도에 어긋나는 일은 일기로 인해 더 조심할 수 있다. 그렇다면 일기는 한 사람의 역사이니 어찌 소홀히 할 수 있으랴.

황윤석은 성리학자이면서 실학자로 평가받는 박물학자다. 그러나 그가 더 높이 평가받아야 하는 이유는 그의 기록정신이 오늘 우리에게 주는 수많은 정보와 그것으로 인한 유익 때문이다. 높은 벼슬은 하지 못했지만 호남지방의 부자로 편히 살아갈 수 있었던 그가 나름의 사명감을 가지고 꼼꼼히 써놓은 기록! 그 기록 때문에 우리는 조선시대 행정부 하급 관료들이 어떤 일들을 했는지, 그런 일들을 하면서 무슨 생각을 했는지는 물론 그때 많이 나온 곤충이나 각종 물건들의 쓰임새까지도 알 수가 있다. 사람은 죽어 사라지되 기록은 남아 또다시 우리 곁에서 새 의미를 창출해내고 있다.

석실서원과 황윤석의 학문적, 사상적 폭

황윤석의 학문적, 사상적 경향은 상당히 특이하다. 사상적인 바탕, 경세經世의식은 그야말로 통치자의 그것이요, 성리학자의 그것인데 그가 관심을 가진 것들, 그가 남긴 학문적인 업적은 매우 실학적인 것들이다. 요즘도 중도개혁이니 보수개혁이니 하는 말이 있는데, 황윤석이야말로 그런 단어에 어울리는 사람이다. 그의 성향을 말할 때 반드시 언급해야 하는 것은 미호渼湖 김원행金元行(1702~1772년)과 석실서원石室書院 학파와의 인연이다.

황윤석은 아버지의 명으로 28세 때인 영조 32년(1756)에 김원행을 처음으로 만났고, 3년 후인 영조 35년(1759)에 정식으로 그의 제자로 입문했다. 이후 석실서원에 있던 김원행이 죽을 때까지 14년 동안 직접 또는 서신을 통해 그에게 여러 가지를 문의하고 토의하고 배우면서 학문적 영향을 받았다.

척화파의 대표적 인물로 청나라에 볼모로 잡혀가기까지 한 청음淸陰 김상헌金尙憲(1570~1652년), 병자호란 때 강화도에서 순절한 선원仙源 김상용金尙容(1561~1637년)을 배향한 석실서원은 지금의 경기도 남양주시에 있었는데, 이후 쟁쟁한 인물들이 배출되어 석실학파를 이루기까지 했다. 석실학파는 조선 후기 대표적인 학파 중 하나로 발전하며, 계열로 따지면 노론老論의 낙론洛論계에 해당한다. 석실서원에서 김상헌 등의 집안사람으로 농암農巖 김창협金昌協(1651~1708년)이나 삼연三淵 김창흡金昌翕(1653~1722년) 등 그 유명한 '창昌'형제가 나왔고, 목호룡睦虎龍의 고발에 의한 이른바 임인삼수옥壬寅三手獄으로 부친과 조부, 형을 잃은 후 학문에만 전념하여 일가를 이룬 김원행 역시 그 집안의 후손으로 여기에서 활약한다.

진경문화의 대표주자 겸재謙齋 정선鄭敾(1676~1759년)이나 도암陶庵
이재李縡(1680~1746년) 같은 인물도 이곳에서 나왔다. 조선 후기를
어느 면에서 살피더라도 석실서원과 그 학파 사람을 말하지 않을
수 없을 정도다.

황윤석은 김원행 문하에서 공부하면서 이 석실서원에서 당대
실학자 홍대용洪大容(1731~1783년) 등을 만나 학문적 교류를 한다. 홍
대용과 교류하면서 자명종이나 지동설 등을 접한 것은 황윤석에
게 큰 영향을 주었다. 오늘날 천문학에서도 황윤석의 천문관을 의
미 있게 다루기도 한다.

황윤석이나 홍대용 같은 이들이 있었기에 석실서원에는 노론
낙론계 성리학자만 있었던 것이 아니라 현실의 문제를 극복하고
민생을 살리는 실제적 학문을 중시하는 실학자도 있었던 곳이라
고, 그만큼 넓은 품으로 여러 학문 경향을 품었던 곳이라고 더 긍
정적으로 평가되기도 한다.

오늘날 석실서원을 찾아 남양주에 가면 아무것도 없이 방치된
석실서원 터에서 허탈한 마음을 감출 수 없게 된다. 아무리 번성했
던 학문과 정치의 전당일지라도 조선 후기 서원철폐령에서 자유로
울 수 없었다. 이 서원은 그때 훼파된 후 지금까지도 그렇게 방치되
어 있다. 아무것도 남겨진 것이 없기에 이곳이 역사적으로 의미 있
는 장소인지 어쩐지 알 수가 없다. 그 터에 앉아 흘러가는 한강 물
줄기를 바라보노라면 쉼 없이 흐르는 저 강물처럼 덧없이 흔적도

석실서원石室書院지(오른쪽)와 석실마을(아래)
척화파의 대표적인 인물로 청나라에 볼모로
잡혀가기까지 한 김상헌, 병자호란 때 강화도
에서 순절한 김상용을 배향한 석실서원이 있
던 곳이다. 황윤석은 석실서원에 있던 김원행
문하에서 공부하면서 당대 실학자 홍대용 등
을 만나 학문적 교류를 한다. 경기도 남양주
에 있다.

없이 사라져간 많은 이들의 모습이 보이는 듯하다.*

석실서원은 지금 흔적도 없이 사라진 채 터만 덩그러니 남아 흐르는 강물을 접하고 있다. 그러나 그곳에서 생각의 싹을 틔우고 세상을 걱정하며 삶을 생각한 많은 이들은 그곳을 잊지 않으려 노력했다. 그들 학문의 뿌리였기에 정선은 석실서원의 모습을 그림으로 남겼고 황윤석은 석실서원의 배치와 건물 구성 등을 자세히 글로 남겼다. 그리고 그들이 남긴 것으로 우리는 오늘날 터만 남은 석실서원에서 상상으로나마 성대했던 그 시절의 서원 모습을 그려볼 수 있다. 서원 모습을 그려보며, 세상 모든 것의 이치를 아는 것이 자기가 인간된 이유요 사는 이유라 자부하던 황윤석도 함께 떠올려볼 일이다.

황윤석은 이 책에서 소개한 다른 사람들처럼, 천민이나 중인이라는 신분적 한계를 갖고 태어났다가 입지전적인 노력과 빈틈없는 실력으로 그 누구도 생각할 수 없는 성공을 거둔 사람은 아니다. 그는 양반으로 태어났지만, 과거에 급제하여 높은 벼슬을 한

---

* 남양주에 사는 사람들은 '석실'이라고 하면 석실마을을 떠올리고 안내를 한다. 석실마을은 경기도 남양주시 덕소 5리에 있는데, 이곳에는 김상헌과 김상용 등의 묘소만 있을 뿐 석실서원은 이곳과 상당히 떨어져 있다. 그런데 막상 석실서원 묘정비는 이곳에 있다. 묘소 밑에 사는 종손이 허허벌판인 서원 터에서 그것을 힘써 옮겨왔다고 한다. 관리의 편의를 위해서 그랬는지 어쩐지 몰라도, 있어야 할 자리가 아닌 곳에 있는 묘정비가 못내 안타깝다. 석실마을을 찾아 김상헌과 김상용 등의 묘소를 살피려면 요즈음 팔당까지 뚫린 지하철을 타고 덕소에서 내려 잠시 버스를 타 석실마을을 찾으면 된다. 그러나 석실서원 터를 찾으려면 남양주시청 홈페이지에 들어가 문화관광 안내지도에서 조말생 신도비를 찾는 게 빠르다. 조선 전기 선비 조말생의 신도비가 서원 터 입구에 있기 때문이다.

세도가로 산 것이 아니요, 평생 미관말직만 전전했다. 몇몇 집안만이 조정 요직을 차지하던 때에 양반으로 태어났으되 황윤석처럼 살았던 사람이 오히려 더 많다. 황윤석은 이런 다수의 양반 선비들의 편에서 인생의 성공이란 무엇이며, 인생을 가치있게 사는 길은 어디에 있는지 생각하게 해주는 인물이다.

그는 상황이 풀리지 않는다고 좌절하거나 기회만을 붙잡으려 시간을 보내지 않고, 늘 있는 자리에서 스스로 그 분야에서 할 수 있는 모든 것을 공부하여 전문가가 되었다. 그리하여 표면적으로 삼정승 육판서에 이르지는 못했으되 삼정승 육판서 등이 모르거나 막히는 것이 생겼을 때 늘 가장 먼저 찾는 사람이 되었다.

모든 분야를 섭렵한 지식인이 되려는 꿈을 꾸고 이를 실천해나간 것도 놀랍지만 정작 황윤석의 놀라운 점은 다른 데 있다. 세상을 이루는 것은 하늘과 땅, 그리고 인간 이렇게 셋이라면서 자신이 바로 그 인간이라 한 점. 그런 인간이니 자신은 바로 하늘과 땅과 동등한 존재라는 자부심을 갖고 산 점. 이 점이야말로 평생 황윤석을 붙잡은 힘이라 할 수 있다. 남들이 뭐라 해도 스스로를 붙잡고 그 가치를 인정하고 그 자부심을 붙잡고 살 수 있는 사람이야말로 세상을 행복하게, 의미 있게 살 수 있는 존재다.

수는 하도낙서河圖洛書에서 근본하는 것이요,

하도낙서는 하나의 이치에서 근본하는 것이니,

이치는 곧 형이상의 도이며,

숫자는 곧 형이하의 그릇이다.

그 이치를 궁구하지 않고 단지 그 숫자만 궁구한다면

끝내 그릇에만 국한되어 도에 나아가지 못할 것이다.

7_ 조선의 천문역상天文曆象 역사를 새로 쓴
천문학자 김영

신분이 낮아도
그만이 해결할 수 있으니 찾을 수밖에

실력이 특출한 사람은 적이 많게 마련이다. 그가 특별히 자기에게 어떤 피해를 준 것도 아니고 특별히 자기와 어떤 교분이 있었거나 관계가 있는 것도 아닌데 괜스레 그를 경계하게 되는 것이 사람들의 심리다. 천문학자 김영金泳(1749~1817년)이야말로 그런 사람이다. 이유 없이 많은 사람들에게 미움의 대상이 되었고, 신분이 낮았기에 그 미움은 곧장 발길질이나 침뱉음으로 이어지기까지 했다. 하지만 인내의 수련 끝에 그 누구도 해결하지 못하는 문제를 조선에서 유일하게 홀로 해결할 수 있을 만한 실력을 갖추었기에, 그를 미워하던 수많은 관리들이 그를 찾아와서 문제를 해결해달라고 부탁해야만 했다. 이 장의 주인공은 바로 그 김영이다.

함춘원과 사도세자

서울 대학로의 서울대병원 입구에 있는 건물에는 함춘원含春苑이라고 크게 간판을 내건 중국집이 있다. 또 근방의 다른 상가에서도, 서울대 의대 관련 동우회 등에서도 함춘이라는 이름을 심심찮게 보았다. 함춘원, 봄을 머금은 동산이라? 이름도 범상치 않은 함춘원, 도대체 이 함춘원과 서울대병원이 무슨 관련이 있을까?

어느 날 이 궁금증을 해소해보리라 작정하고 벗과 함께 서울대병원에 갔다. 먼저 정문 안쪽 안내판을 살펴 함춘원의 위치를 파악하고 그곳을 찾아갔다. 서울대병원 본관과 간호대학 사이에 조선시대 건물에서 흔히 볼 수 있는 대문이 덩그러니 서 있는데 그것이 함춘문이었다. 지금 그 자리에는 함춘원의 출입문 역할을 한 함춘문과 사도세자의 사당이 세워졌던 곳의 기단만이 남아 있었다. 문

함춘원含春苑지 조선 제22대 임금 정조의 생부인 사도세자의 사당이 있던 곳이다. 서울 연건동에 있으며 사적 제237호다.

화재 보호 차원에서 낮은 철조망을 둘러놓았으나 더 이상의 보호나 관리를 기대하기는 어려운 듯 보였다. 그곳에 있는 안내문을 통해 오늘날의 서울대병원 자리가 본래는 함춘원이 있던 곳임을 확인할 수 있었고 이후 다른 공부를 할 때도 관련 기록이 있으면 눈여겨보았다.

　함춘원은 원래 성종 15년(1484) 창경궁을 창건하면서 지세를 보강하기 위해 궁 동쪽에 나무를 심어 가꾸었다가 성종 24년(1493) 정식으로 창경궁 부속 후원後苑으로 지정하고 비로소 함춘원이라는 이름을 내렸다. 이후 이곳을 넓히고, 근처 높은 지대에 살던 주민을 강제 이주시킨 일이 이곳을 중심으로 일어나는 등 여러 사연을 볼 수 있다. 그러나 이 함춘원에 얽힌 사연 중 가장 눈길을 끄는 것은 사도세자와 관련된 이야기다.

아버지에 대한 애틋한 그리움을 평생 안고 살았던 정조가 이곳에 사도세자의 사당인 경모궁景慕宮을 세웠다. 주지하다시피 정조는 할아버지 영조의 뜻을 어기지 않으면서, 한스럽게 죽어간 아버지 사도세자를 복권하는 일에 정사의 모든 것을 걸었던 임금이라고 해도 과언이 아닐 만큼 평생 사도세자 관련 일에 집중한 인물이다. 역대 왕들의 위패를 모셔놓은 종묘로는 못 옮길지라도 궁궐 가까이에서 자주 아버지께 제사를 올리고 싶어 한 정조는 강력하게 반발하는 여러 신하들을 억누르고 이곳 함춘원에 경모궁을 세운다. 정조는 1776년 즉위하자마자 장악원 제조로 있던 서호수徐浩修(1736~1799년)를 중심으로 경모궁에서 사용할 악기를 만들어 종묘제례악의 형식에 따른 경모궁제례악景慕宮祭禮樂을 따로 만들기도

경모궁景慕宮 유적 사도세자와 그의 비 현경왕후의 사당으로, 궁궐 가까이에서 자주 아버지께 제사를 올리고 싶어 한 정조가 함춘원에 세웠다. 지금은 함춘문과 기단만 남아 있다.

했으며, 경모궁 행차의 편의를 위해 창경궁 서쪽에 따로 일첨문日瞻門과 월근문月覲門이라는 쪽문을 내기까지 했다. 남편을 하릴없이 잃은 혜경궁 홍씨 역시 창경궁 안에 있는 자신의 거처에서 남편의 사당인 경모궁을 바라다보며 짙은 그리움을 달랬다는 기록이 있다.

오늘날 그 경모궁은 오직 기단만 남아 잡초의 온상이 되어 있다. 서울대병원 본관과 간호대학 사이에 끼어 숨 막힐 듯 자리 잡은 기단은 마치 사도세자가 죽음을 맞은 뒤주를 연상케 하기도 한다. 오히려 이런 폐허와 이런 위치가 사당의 주인인 사도세자의 슬픈 사연과 잘 어울리는 듯하다.

정조는 사도세자의 사당뿐만 아니라 사도세자의 무덤인 현륭원顯隆園까지 수원으로 이장하는 대역사大役事를 벌였다. 경기도 양주 배봉산에 있던 현륭원을 수원으로 옮기는 일이야말로 정조가 직접 나서서 준비한 대대적인 일이다. 아버지를 향한 타는 듯한 그리움과 짙은 한이 드러나는 이 현장에 대한 기록에서 뜻밖의 인물을 만날 수 있다.

미워도 찾을 수밖에

금성위 박성원朴聖源의 상소로 현륭원을 옮기는 문제가 제기되자 정조는 반색을 하며 이 일을 추진하여 결국 정조 13년(1789) 10월에 능을 옮긴다. 임금이 직접 챙긴 이 국가적인 현장! 그러나 어느 순간 일의 진행을 더 이상 할 수 없었다. 왜 그랬을까?

정조는 억울하게 죽은 아버지를 위해 가장 길한 날 가장 길한 시간에 천역遷役을 하고자 했다. 그러나 시각의 표준이 되는 별인 중성中星 자리의 위치가 어긋나 있어서 기존의 해시계, 물시계 등이 모두 맞지 않았다. 중국의 수도 북경을 중심으로 중성 자리를 측량하여 만든 각종 기구와 해시계 등을 사용했기 때문에 우리나라의 천문과 정확히 일치하지 않는 것이 당연했고, 그나마 중성 자리를 측량한 지도 오래된 터라 기구와 실제 간에 상당한 차이가 있었던 것이다.

문제는 이런 천문상의 차이를 정확히 측정하여 해결할 사람이 흔치 않다는 것이었다. 발을 구르는 임금과 대신들 앞에 관상감사觀象監事 김익金熤(1723~1790년)이 나서서 말한다. 이것은 중성 자리의 위치를 바로잡고, 천체관측 기구인 지평의地平儀나 상한의象限儀, 새로운 해시계를 주조해야 해결되는 일인데 관상감의 제생들 중에는 이런 어마어마한 문제를 해결할 능력이 있는 사람이 없다는 것이다. 이 말에 다들 난처해하고 있을 때 김익이 조심스레 말을 잇는다.

"관상감의 제생들은 이를 못 하지만, 딱 한 사람 할 수 있는 사람이 있습니다."

"그게 누구인가?"

"김영이라는 자가 역상법에 정통하다고 알려져 있습니다. 그를 불러 이 일을 하도록 한다면……."

"빨리 그를 불러올리시오."

이때서야 김영은 역사 앞에 모습을 드러내기 시작한다. 김영은 급히 불려와 그 밤으로 곧장 「중성신기中星新記」를 지어 바쳤다. 그는 이 글에서 왜 지금과 같은 천문 역법의 차이가 일어났는지, 그 차이를 얼마의 숫자로 보정하여 바로잡아야 하는지 설명하고 이 기준에 따라 현재의 상황에 가장 맞는 시간을 제시해냈다. 이후 짧은 시간 안에 새로운 기구와 시계를 만들어 바쳤으며 천체의 기준과 원리에 관한 책도 지어 바쳤다. 그래서 현륭원 역사를 잘 마칠 수 있었다.

김영, 그는 천문에 정통한 학자다. 그러나 그뿐, 그에 대해 더 자세히 알기는 어렵다. 그에 관한 전기를 쓴 세 사람 중 서유본徐有本 (1762~1822년)은 그를 김해 사람이라 했고, 홍길주洪吉周(1786~1841년)는 인천 사람, 유재건劉在建(1793~1880년)은 영남 사람이라 했다. 출신 성분에 대해서 뒤의 두 사람은 별다른 언급 없이 의지할 데 없이 떠돌다 한양에 온 사람이라 했고, 서유본은 그저 대대로 농사지으며 살던 사람이라 했다. 김영은 고향이나 부모, 신분이라는 기본적인 정보조차 정확하지 않을 정도로 한미한 사람이었다. 그는 석천石泉이라는 호를 스스로 지어서 사용했다.

아버지의 일에 관해 대단한 집념을 가졌던 정조에게 현륭원 역사를 이룬 결정적 공을 세운 김영이라는 인물이야말로 참으로 고마운 사람이 아닐 수 없었다. 또한 남들은 끙끙대고 못 하는 것을 한밤중에 불러와 단번에 해결했으니 그 실력은 더 말해 무엇 하랴.

이후 김영을 두고 집단 반발 사건이 일어나는데, 이것은 바로 김영에 대한 정조의 파격적 임용 때문이었다. 관상감 같은 전문 기술직은 반드시 과거를 통해서 실력이 검증된 사람만 임용할 수 있다는 절차를 무시하고 정조는 김영을 곧바로 관직에 임명한다. 절차를 무시한 임용이라는 강력한 반발을 "김영같이 능력이 뛰어난 사람은 예외요"라는 말 한마디로 잠재워버리고 그를 과거시험 없이 관상감의 역관曆官으로 채용했다. 이때의 일은 홍길주가 남긴 「김영전」에 자세히 실려 있다. 결국 그는 농사꾼의 아들로, 아니 근본을 알 수 없는 출신으로 시험 없이 관상감 관직을 얻은 유일한 사람이 되었다.

유형원柳馨遠(1622~1673년)은 『반계수록磻溪隨錄』에서 "사람을 등용할 때는 오직 인품과 재능을 살필 뿐 출신 집안은 논하지 마라[用人 惟其賢才 勿論其門地]"하기도 했으나 이런 일은 조선 건국 초부터 망국 때까지 거의 현실화되지 못했다.

성대중成大中(1732~1809년)이 쓴 『청성잡기青城雜記』에는 이런 기록도 있다. 혜화문 밖 냇가 동쪽에 석벽이 있었고 여기에는 불상이 하나 있었다. 보호한다면서 기둥을 세우고 처마까지 덮어놓은 불상이었다. 그 불상의 이름은 '노불奴佛', 곧 노비부처이고, 그 밑을 흐르는 시내는 '불천佛川'이라 했다. 그런데 막상 도성 동쪽의 나무하는 노비들은 날마다 그 밑에 모여 부처상을 올려다보며 욕을 해

댔다.

"저 불상이 우리를 남의 종으로 만든 놈이다. 그놈이 무슨 면목으로 우리를 쳐다보고 있단 말인가."

그들은 낫을 들고 떼로 달려들어 끝내 불상의 눈을 파내었다. 그래서 그 불상은 두 눈이 모두 움푹 파인 채 서 있었다 한다. 또 속언에 '저 불상이 없어지면 노비도 없어진다'고 하더니, 해마다 장마에 산이 깎이고 토사가 쌓이더니 몇십 년 사이에 불상 몸체가 완전히 파묻히는 일까지 있었다고 성대중은 말했다.

얼마나 남의 종으로 살아가는 게 힘들면, 얼마나 그 삶이 한스러우면 불상의 눈을 파버리기까지 하겠는가? 얼마나 그 한이 깊으면 몇십 년 만에 정말 그 불상이 묻혀버리기까지 하겠는가. 신분이 주는 한계는 당사자들에게는 죽을 만큼의 아픔을 주었고, 돌도 깰

『청성집靑城集』 조선 후기 학자 성대중이 지은 잡록집雜錄集으로 중국 고사, 격언, 국내 야담을 모아놓았다. (국립중앙도서관 소장)

만큼의 분함을 주었으나 기득권을 차지한 사람은 언제나 배타적이고 모질기만 했던 것이 사실이다.

이러한 시대에 과거조차 치르지 않은 김영이 관직을 제수받자 관상감 제생들은 그를 매우 미워했다. 남이 잘되는 꼴을 보지 못하는 것이 사람의 심리요, 뛰어난 사람은 괜히 밉게 보이는 것이 상례다. 그때 그들도 김영을 두고 근본이 불분명한 놈이라고, 과거도 치르지 않은 놈이라고 면전에서 욕하고 때리기까지 했다. 그러나 확실한 것은 그가 아니면 해결할 수 없는 일들이 있어서 그를 부르지 않을 수 없었다는 것이요, 그때마다 불려나와 그 일들을 말끔히 해결했다는 것이다. 정조는 아예 관상감 제생들을 시켜 그에게 나아가 배우게 했다. 천체 운행에 관한 일은 그에게 묻지 않고는 임금께 아뢸 수조차 없었다. 면전에서 욕하고 때리다가도 일 때문에 할 수 없이 김영에게 도와달라고 말해야 하는 제생들의 심리와 표정을 상상해보라. 통쾌하지 않은가? 그가 미워도 그를 찾을 수밖에 없게 만드는 것, 그것이 바로 실력이다.

천재라 말하지 마라

김영은 그런 실력은 어떻게 쌓았을까? 서호수의 아들 서유본이 쓴 김영의 전기에 의하면, 그는 농사꾼의 아들로 태어나 의지할 데 없이 떠돌다가 한양으로 왔다. 용모는 볼품없는데 유난히 눈빛만은 늘 반짝였다 하니, 그 모습이 상상이 된다. 그는 책 읽는 것과 생각하는 것을 즐겼는데 한번 하면 무섭게 빠져들었다. 그러던 어느 날 『기하원본幾何原本』*을 읽게 되었는데, 그 세계가 너무 마음에 들어 몇 달 동안 엎드려 이 책만 본 끝에 결국 그 뜻을 깨우쳐서 끝내 역상학曆象學에 정통할 수 있었다.

서유본은 쓰기를, 김영이 그 이치를 궁구하려고 얼마나 노력했는지 겨울에도 난방을 전혀 하지 않고, 여름에 부채질도 한 번 안 하면서 그것에만 빠져 산 것이 거의 십오륙 년이었다고 했다. 사도세자의 묘를 옮기는 일로 세상에 불려나가 인정받은 것이 41세 때이니 책 하나를 궁구하느라 거의 20여 년이나 걸렸다는 말도 앞뒤가 맞는 셈이다. 김영은 20여 년 동안이나 추위나 더위에 아랑곳하지 않고 한 책에 매달린 끝에 그 학문의 원리를 깨달은 것이다.

요즈음에 와서야 그저 조금 이름이 거론되기 시작한 김영을 두고 천재 천문학자라고 한다. 그러나 필자는 그에게 '천재'라는 이름을 붙이기가 좀 미안하다. 그저 타고난 탓에 남보다 훨씬 뛰어나게 된 사람이라며 그의 고통과 노력을 깎아내리는 듯하여 차마 그 단어를 그 이름 앞에 붙이지 못하겠다. 전문가가 되는 것만이 살 길이라 말하는 모든 이는 그와 함께 치러야 할 혹독한 노력의 값을

---

* 1605년에 마테오리치가 유클리드Euclid의 『기하학원본幾何學原本』의 전반부를 한문으로 번역한 책.

꼭 같이 이야기하라고 말하련다.

김영을 두고 천문학자라는 이름을 붙였지만, 음악 분야나 한국 도교사道敎史에서도 그의 이름이 드러난다. 「원악原樂」, 「성률총서聲律總敍」는 그가 남긴 음악 관련 글이고, 『도교전의道敎全議』는 도교에 관한 책이다.

언젠가 학회에 참석했다가 어느 분이 '요즘 박사는 박사博士가 아니라 협사狹士'라고 우스갯소리를 하는 것을 들었다. 필자도 박사지만 그 말에 공감했다. 국어국문학과에서 고전 서사敍事를 전공한 박사지만 솔직히 시가詩歌나 어학語學 전공자가 하는 말을 전부 알아듣지는 못한다. 같은 학과도 그럴진대 다른 학과 다른 전공 분야에 문외한인 것은 더 말할 필요도 없다. 그러니 넓을 '박博' 자를 어찌 감당하랴. 오히려 좁을 '협狹' 자를 붙여야 실상에 가까울 법도 하다며 부끄러워했다. 그런데 김영뿐만 아니라 고전에 나오는 수많은 인물들은 따로 전공이랄 것이 없을 만큼 전방위적인 저작과 업적을 남긴 것을 보았다. 어떻게 그것이 가능했을까? 유재건이 쓴 김영의 전기는 이에 대해 일정한 시사를 주었다.

유재건의 기록에 의하면 김영은 어려서부터 사색하기를 즐겼는데 특히 산술을 좋아하여 고대의 계산법인 구장산술九章算術 중 하나인 영육법盈朒法을 익히고, 직각삼각형의 밑변인 구句, 높이인 고股 등을 계산하면서 관련 지식을 깨우치는 데 온 힘을 기울였다 한다. 혹 풀리지 않는 것이 있으면 미치도록 몰두해서 우울증이 생길 정도였다고 하니 그의 노력과 집중력을 알 만하다. 그런데 몇 해 동안 그렇게 몰두했는데도 완전히 깨우쳐지지가 않더라는 것이다. 이때의 일을 유재건은 이렇게 기록했다.

> 그래서 앞서 배운 것들을 모두 버리고 『주역』만을 반복해서 연구했다. 수십 년이 지난 어느 날에야 갑자기 어떤 깨달음을 얻고는 길게 탄식하며 말했다.
> "수는 하도낙서河圖洛書에서 근본하는 것이요, 하도낙서는 하나의 이치에서 근본하는 것이니, 이치는 곧 형이상의 도이며, 숫자는 곧 형이하의 그릇이다. 그 이치를 궁구하지 않고 단지 그 숫자만 궁구한다면 끝내 그릇에만 국한되어 도에 나아가지 못할 것이다."

숫자만을 살피며 그렇게 연구해도 다른 숫자를 보면 막히더니 『주역』을 연구하면서 그 수가 어디에서 근본하는가를 살펴 그 이치를 궁구해보니 결국 모든 것을 이해하게 되더라는 것이다. 원리를 이해하고 나니 모든 숫자가 '복희씨가 황하에서 얻었다는 그림인 하도, 하우씨가 낙수에서 얻었다는 글인 낙서'에서 근원한 것임을 알겠고, 하도낙서 또한 하나의 이치에서 나왔다는 것을 알겠더라고 고백한 내용이다.

김영 스스로 "자기의 몸을 닦으려면 남에 대해 알아야 하며, 남을 알고 싶으면 하늘에 대해 알아야 하며, 하늘을 알고자 한다면

『주역』을 알아야 한다. 그러므로 『주역』은 학문의 처음과 끝이다"
라 했다고도 한다. '주역선생'이라는 별명이 붙을 만큼 이것만을
궁구한 끝에 김영은 그 원리로 음악도 이해하고 천문도 이해하며,
미래에 일어날 일까지 예측할 수 있게 되었다. 유재건은, 김영이
나라에 양금洋琴이 유행하는 것을 보고 이를 풀이하여 곧 변란이
일어날 것이라 했더니 다음 해인 신유년에 예수교 옥사가 일어나
수많은 사람이 죽었다며 그의 깨달음과 그 신통함을 증언했다.

  사람들은 원하는 것이 있으면 당장 그것만을 얼른 익혀서 잘 하
고 싶어 한다. 그러나 그 원리를 먼저 깨닫고 배우는 것이 중요하
다. 택견을 배우고 싶어 하는 사람에게 발차기를 먼저 가르치는 것
이 아니라 몸의 중심을 이동하는 법을 먼저 가르치는 것처럼 말이
다. 고수끼리는 통한다는 말이 있다. 어떤 분야든지 집중해서 핵심
개념을 이해하고 원리를 깨우쳐 최고의 경지에 이르고 나면 같은
원리로 다른 것들을 하기가 훨씬 수월하다는 것이다. 말하자면 김
영은 『주역』을 통해 세상 돌아가는 이치와 숫자의 원리를 깨달았
다. 그리고 같은 원리로 천문과 수학의 이치를 깨닫고 음악 영역에
서도 자기 목소리를 낼 수 있었다. 우리가 붙잡고 궁구하며 깨우쳐
야 할 이치는 무엇일까? 그것에 대한 궁구함이 깊고 탄탄할수록
이후에 펼쳐낼 우리의 능력은 한계를 지을 수 없게 될 것이다.

삶이 학문이고
학문이 삶이다

얼마 전 모 일간지에서 서울대학교 종교학과 금장태 교수의 기사를 읽고 감명을 받았다. 금 교수는 1999년 뇌종양 판결을 받은 후 아주 기본적인 1차 수술만을 한 후 두개골을 절개한 채 제대로 해야 하는 2차 수술을 스스로 포기했다고 한다. 이유는 단 한 가지, 수술하다 뇌손상이라도 입으면 평생 공부가 다 소용없어질 것이기에 수술을 포기하고 남은 시간 동안 학문을 정리하며 살기로 했다는 것이다. 그런 마음 덕분인지 종양이 더 커지지 않고 그 상태를 유지한 9년 동안 금 교수는 총 32권의 연구서를 내며 목숨과 맞바꾼 학문적 열정을 불태우고 있다는 것이 기사의 내용이었다.

연구실을 가득 채우고 있던 책 역시 모두 기증하고 겨우 50여 권만을 옆에 두고 학회 참석도, 친구들과의 술자리도 모두 버린 채 날마다 그간의 공부를 쏟아내고 있다는 금 교수! 그의 기사를 읽으면서 필자는 그의 삶이 김영과 비슷하다고 생각했다. 오직 학문과 함께 살면서 그 속에서 의미를 찾고, 삶의 마지막 자락까지 학문에 대한 열정을 불태운 이에게 학문이란 바로 그 생명 자체였을 것이다. 김영의 삶도 바로 그런 것이었다.

김영은 말년에, 자신을 알아준 임금 정조와 서호수 등의 인물도 모두 죽어 홀로 굶어죽을 판국에 이르렀다. 평소 몸이 약한 데다 제대로 못 먹다 보니 늘 기운 없이 축 늘어져 조는 사람 같았으나 상수象數의 중요한 문제를 슬쩍 꺼내기만 하면 언제 그랬느냐는 듯 눈을 번뜩이며 손뼉을 쳐가면서 이야기를 했다. 또 풀리지 않는 의문이 있어서 찾아와 질문하는 선비들이 여럿이었는데 김영과 이야기를 하고 나면 그들은 하나같이 실마리를 얻고 흐뭇하게 돌아갔다고 한다. 그의 학문적 열정과 수준을 엿보게 하는 대목이다.

평생지기의 역할을 한 서유본의 문집에는 김영에게 보낸 편지가 두 통 실려 있다. 그중 두 번째 편지에는 세상에서 다들 '김 아무개의 역상학은 온 나라를 통틀어 최고다'라고 말하지만 세상과 권력자들의 비위를 맞추지 않아 쓰이지 못하는 김영의 상황에 대한 안타까운 마음이 담겨 있다. 그러고는 이제 칠순을 앞둔 이때 어느 곳에서 갑자기 죽음을 맞을지 모르니 가진 능력을 모두 발휘하여 또 다른 저술에 힘쓰도록 간곡히 부탁했다. 특별히 서유본은 거의 대부분의 천문지리서가 중국 중심이므로 우리만의 독특하고도 정확한 천문지리서를 편찬해달라고 주문했다. 오직 그만이 할 수 있는 일이라면서. 이후 어떻게 했다는 기록은 없으나 칠순 직전 숨을 거둘 때까지 김영은 자신이 깨우친 모든 역량을 다 바쳐 저술을 하고, 다른 이들의 의문을 풀어주는 데 온 힘을 기울였을 것이다. 평생 가난하고 무시당하기만 했으나 그를 칠십 평생 세상에 서 있게 한 힘, 그것은 온전히 학문이었다.

김영 관련 기록을 읽다 보면 그가 서명응·서호수·서유구 등의 쟁쟁한 인물로 이어지는 달성 서씨 집안과 얽히고, 홍낙성·홍석주·홍현주 등의 유명한 인물 이름이 늘어선 풍천 홍씨 집안과 교류했음을 볼 수 있다. 김영의 한미한 처지를 생각할 때 고개를 갸웃거리게 만드는 대목이다.

여담이지만 이 무렵 달성 서씨 집안과 풍천 홍씨 집안에는 걸출한 여인도 있었다. 서호수의 큰며느리이자 서유구의 아내인 빙허각憑虛閣 이씨李氏(1759~1824년), 김영의 전기를 남긴 홍길주의 어머니 영수합令壽閤 서씨徐氏(1753~1823년)가 바로 이들이다.

빙허각 이씨는 조선 후기 사대부 집안 여성들이 일상생활에 필요한 모든 사항을 기록하여 『규합총서閨閤叢書』를 펴냈다. 여기에는 옷 만드는 법, 베 짜는 법, 수선하는 법, 염색하는 법, 양잠하는 법, 각종 술과 음식 담그는 법 등 다양한 내용이 담겨 있어서 당대 수많은 부녀자를 독자로 확보했으며 이 총서는 오늘날 생활사를 연구하는 데에도 유용하게 쓰이고 있다.

영수합 서씨는 당대 정승까지 했던 홍석주와 정조의 사위인 홍현주라는 아들을 두었다는 면에서도 언급되지만 시재詩才가 뛰어났으며 수학數學에 조예가 깊었다는 점으로도 유명하다. 사대부 여인으로서는 드물게 야담이나 만필漫筆에 자주 등장하기도 한다. 장남과 삼남의 지위가 너무 높아 다른 이들의 질투를 부를까 봐 둘째 아들 홍길주에게 포의의 길을 권하여 집안을 보호했다는 이야기도 유명하다. 또 아들의 짝을 고를 때 지감知鑑 능력을 발휘했다는 이야기가 설화집에 전하기도 한다.

　이들 두 여인의 존재와 그들이 남긴 행적으로 두 집안의 분위기를 어느 정도 예측할 수 있으며, 그런 분위기가 아마도 김영과의 교류를 가능하게 했을 것이라 짐작된다.

알아봐주는 소수, 지금 그 소수는 누구인가?

미천한 신분의 김영이 이들 집안 사람들과 교류하게 된 데에는 사연이 있다. 김영이 임금 앞에 나서게 된 것은 현륭원을 옮길 때이지만, 그보다 먼저 서호수와의 만남이 있었다. 산수算數로 유명한 서호수가 어느 날 김영의 명성을 듣고 불러와 몇 마디 이야기를 나눠보고는 즉시 그를 자기보다 뛰어난 사람이라고 인정한다. 서호수 자신이 산수에서는 나라 최고라고 칭송받을 때인데 선뜻 그를 최고라고 인정할 수 있었으니 그도 멋진 사람이다. 어쨌든 서호수는 즉시 관상감 책임자인 홍낙성洪樂性(1718~1798년)에게 김영을 소개했다. 그래서 김영이 그 분야 사람들에게 알려지게 되었고, 현륭원 이장 때 문제가 발생하자 임금 앞에 불려올 수 있었던 것이다. 앞서 말한 대로 정조는 그를 특별 채용했고, 서호수도 그의 강력한 후견인이 되어 능력을 발휘할 수 있게 했다. 서호수의 아들 서유본, 홍낙성의 손자 홍길주 역시 이런 사연으로 김영과 교분을 나누어 그의 전기를 남길 수 있었던 것이다.

정조 재위시는 학문적으로 여러 분야가 발전하던 때인데, 특히 천문역상天文曆象 면에서 성과가 두드러졌다. 하늘의 상을 살펴 시간을 바르게 정하는 역상曆象과 역상을 통해 정한 시간을 백성에게 역曆으로 알려주는 수시授時는 예로부터 성인이 하는 일이라면서 정사의 가장 중대한 일로 여겨졌다. 각종 역사서가 천문역법으로 시작되는 것도 이런 맥락이며 각 왕조와 왕들마다 이 역법에 많은 힘을 기울인 것도 바로 이 때문이다.

17세기 이래 중국은 서양의 역법을 도입하여 정착시키는 과정에서 그것을 자신들의 체계에 맞게 여러 차례 개편했다. 조선은 이런 중국의 역법을 가져다 사용했다. 중국이 서양의 역법을 받아들여 여러 번 개편하는 과정을 거친 것과 마찬가지로 조선 역시 중국의 역법을 가져오면서 이것을 실정에 맞게 개편하는 노력을 해야 했다.

한양은 북경에서 동쪽으로 10도 30분 치우쳐 있으므로 북경 기준으로 되어 있는 것들을 그대로 사용하다 보면 실제 천문현상과 차이가 날 수밖에 없었다. 좁은 땅덩어리지만 조선 전국 모든 곳의 천문역산天文曆算도 조금씩 차이가 있었다.

김영이 활동하던 정조 당시는 지구가 둥글며 움직이기도 한다는 지원설地圓說, 지동설地動說을 거부하는 사람조차 많았던 시기다. 하긴 지구가 한 번씩 자전하면서 밤낮이 생긴다는 것을 처음 주장한 사람이 18세기 사람 홍대용洪大容(1731~1783년)이라는 사실을 생각해보면 그럴 법도 하다.

홍대용과 김영은 태어난 해가 20년도 차이 나지 않는다. 그러나 김영은 지동설을 이해하는 데서 그치지 않고, 북경과 한양 사이에 나타나는 중성 위치의 차이를 설명해 조선의 실정에 맞는 중성 자리를 다시 비정했다. 월식의 계산 원리까지 설명하여 관측자의 위치에 따라 월식이 시작되는 시각과 끝나는 시각의 차이를 설명해내기도 했으며, 동서 각 지역의 차이에 따라 시각차를 가감해 월식 방위 등을 명쾌히 설명하기도 했다. 그가 우리나라 실정에 맞게 만든 각종 천문관측 기구와 시계 등으로 조선팔도의 지역에 맞는 정확한 시각을 알려주기도 했다. 당대 천문학의 발전 정도를 고려할

홍대용洪大容 초상 조선 영조 때의 실학자이자 북학파의 대표적 인물로, 천문과 율력에 뛰어나 혼천의를 만들고 지구의 자전설을 제창했다.

때 김영의 학문 수준이 얼마나 선진적이고 전문적이며 혁신적이었는지는, 홍대용의 생몰연도나 업적과 빗댈 때 더욱 잘 드러난다.

여기에서 정조 때 이루어진 천문역상 면에서의 성과를 다시 정리해보자. 정조 때 한양이라는 지역의 위치에 맞추어 천문관측 기구인 적도경위의赤道經緯儀와 지평일구地坪日晷를 제작했고, 조선팔도의 주야시각표晝夜時刻表를 제정하여 반포했다. 또『신법중성기新法中星記』,『신법누주통의新法漏籌通儀』,『국조역상고國朝歷象考』등 천문역상에 관한 책이 간행되고, 물시계의 잣대인 야전표夜箭表가 제시되었다. 이런 각각의 기구와 책은 물론 서호수 등 고관의 이름을 전면에 걸고 있지만 실은 김영이 주도적인 역할을 하여 만들어낸 것들이다.

『국조역상고』를 편찬할 때 민종현과 서호수가 각각 서문을 쓰면서 "관상감 관원 김영金泳, 성주덕成周悳과 함께 이 일을 했다"고 적기는 했지만 그 후로 오늘까지 김영이라는 이름을 눈여겨본 사람은 드물다. 당시에는 책임자의 이름을 거는 게 당연했을 테지만, 그 때문에 우리 역사는 한 사람의 뛰어난 천문학자를 오래도록 잊고 살아왔다.

김영의 삶을 어떻게 평가해야 할까? 그의 말년만을 보면 굶주림에 찌들어 살다가 굶어죽다시피 했으니, 어찌 성공한 삶이었다고 말하랴. 그러나 최소한 그는 당시 지존인 '임금'과 자기 분야 전문기관인 '관상감의 최고 수반'에게 전폭적 지지와 인정을 받았다.

그들의 죽음과 함께 쫓겨나는 신세가 되었으나 그래도 그는 최고가 인정하는 최고였으며, 그 최고들 가운데 자기 실력을 발휘해본 행복한 사람이었다.

『국조역상고』를 바치자 정조가 김영의 공로를 인정하여 수술관修述官의 지위에서 삼력관三曆官으로 특진시키는 상을 내린 사실이 『일성록日省錄』 23책 정조 20년(1796) 4월 25일 기사에 실려 있다. 이제 정조 이외 그를 다시금 알아봐주는 천문학자, 과학자, 수학자가 이어지기를 바란다.

김홍도는 생김새가 곱고 빼어날 뿐 아니라 속마
음도 세속을 벗어나 있다. 보는 사람마다 그가
고아하게 세속을 벗어난 사람이지 시골의 촌놈
들과는 다르다는 것을 알 수 있다. 성품상 거문
고나 피리의 우아한 소리를 좋아하여 매번 꽃
핀 달밤이 되면 때때로 한두 곡조를 연주하는
것을 즐거움으로 삼았다.

8_ 그림만큼이나 인간다웠던
목민관 **김홍도**

그림쟁이지만 나는 선비다

한국 사람치고 김홍도金弘道(1745~1806년 무렵)라는 이름 석 자를 모르는 사람이 어디 있으랴. 그가 남긴 수많은 그림 중 풍속화 몇 점 보지 않은 사람은 그야말로 손에 꼽을 정도일 것이다. 그렇듯 유명한 김홍도! 김홍도는 그림 덕에 정식 벼슬을 얻어 어느 고을 사또를 역임했다. 하지만 '목민관 김홍도'를 아는 사람은 별로 없다. 목민관은 좁은 지역에서나마 자율 통치권을 가진 직책이기에 중앙의 미관말직과는 또 다른 의미 있는 자리다. 천민의 기예라고 천대받던 그림으로 목민관이 된 김홍도의 이력은 그야말로 드문 경력이다. 그런데 화가 김홍도는 어떤 목민관이었을까? 치세에도 그림만큼 실력을 발휘했을까?

그림쟁이지만
나는 선비다

예술가가 정치가가 되었다는 점에서 김홍도를 생각하면, 현대에 비슷한 예가 있어서 자연스럽게 연결이 된다. 그것으로 김홍도 이야기를 시작해보자.

지난 정부 시절 유명한 영화감독인 이창동 씨가 문화부 장관이 될 때 항간에 숱한 이야기가 회자되었다. 필자는 이창동 씨가 문화부 장관으로 임명되고 활동하는 모습과 그 주변의 반응들을 보며 그것들이 목민관 김홍도와 비슷하다는 생각을 했다.

그의 장관 기용에 의아해하며 우려하는 목소리를 낸 많은 사람들처럼 김홍도의 목민관 기용에 많은 양반들이 반대 목소리를 냈다. 이창동 씨가 취임사를 올리면서 '장관실 앞에만 빨간 양탄자가 깔렸더라'며 정부와 공무원들의 뿌리 깊은 권위주의와 관료의식, 특권의식 등을 슬며시 꼬집은 것처럼 김홍도는 남들은 미처 인식하지 못하는 것을 지적하고 전 사람과 다른 방식으로 백성을 돌보았다. 이전에 다른 벼슬도 많이 하고 다른 지역 목민관도 한 사람들은 보지 못하던 일을 보았고, 그들을 꼬집으며 백성들과 어울렸다.

물론 이창동 전 장관을 칭찬하려고 하는 말은 아니다. 그 역시 잘한 일도 있고, 잘못 한 일도 있는 평범한 사람이다. 하지만 어쩐지 어울리지 않으면서도, 다른 사람은 새삼스럽게 넘겼을 일을 꼬집어 지적하여 우리 맘을 시원하게 해주는 일도 있고, 다소 어색하거나 어수룩하긴 해도 더 인간적이고 예술가적인 느낌을 준 그의 모습에서 김홍도를 보고 웃음 지을 뿐이다. 수백 년 세월의 차이가 있기에 표면적인 일의 종류는 다를지라도 둘 사이의 묘한 공통적 본질에 웃음 짓게 된다.

조선시대 화가의 위치란 천민으로 여겨져 무시당하기 십상이었다. 삼대가 연속해서 기로소耆老所에 오를 만큼 현달했던 저 쟁쟁한 가문의 강세황姜世晃(1713~1791년)에게조차도 영조가 "천한 기예를 가졌다고 사람들이 무시할 수 있으니 다시는 서화를 잘한다고 말하지 마라"하고 특별히 당부할 정도였다. 그러니 다른 화공들이 받은 대접이야 더 말할 것이 없다.

김홍도는 대대로 중인인 집안에서 태어났다. 그의 재주는 너무나 뛰어나 그의 나이 21세인 영조 41년(1765)에 영조의 71세 축하연을 병풍으로 그리는 것을 담당할 정도로 매우 일찍부터 이름을 날렸다.

김홍도 그림의 수준과 애호를 보여주는 이야기를 하나 소개한다. 김홍도와 교류한 성대중의 『청성잡기』에 나오는 내용이다. 한양에 피皮씨 성을 가진 사람이 장창교長昌橋 입구에 집을 샀는데 대추나무가 담장에 기대어 있어 위태롭기에 베어버렸다. 그러자 갑자기 도깨비가 집으로 들어가 행패를 부리기 시작했다. 들보 위에서 휘파람을 불기도 하고, 공중에서 끊임없이 뭐라 중얼거리기도 했다. 간혹 글을 써서 던지기도 했다. 물론 모습은 보이지 않았다. 옷걸이와 옷상자에 보관된 옷을 모두 칼로 찢은 듯 갈기갈기 찢어놓기까지 했다. 그런데 유독 한 옷상자만 온전했다. 알고 보니 그 상자 밑에는 김홍도가 그린 신선도가 있었다는 이야기다.

항간에 떠도는 이야기이기에 신빙성이 있거나 증거가 있지도 않다. 웃자고 만든 이야기이기는 하지만, 한마디로 말해서 '도깨비조차 김홍도의 그림은 아낀다'는 것을 보여주는 이야기다.

김홍도는 '사능士能'을 자字로 썼다. 이것은 '참 선비만이 할 수 있다'는 말로 『맹자孟子』 「양혜왕장구상梁惠王章句上」에 나온다. '일정한 재산이 없으면서도 한결같은 마음을 유지할 수 있는 것은 오직 선비만이 할 수 있다'는 데서 유래한 이 구절을 자로 삼아 김홍도는 물질과 권력에 좌우되지 않는 선비가 되고자 했다.

김홍도의 호로 가장 유명하고 그 역시 가장 많이 사용한 것이

'단원檀園'이다. 김홍도는 단원이라는 호를 쓰기로 결정한 후, 어린 시절 스승이던 강세황에게 이에 대한 글을 써달라고 청한다. 이에 대해 강세황은 「단원기檀園記」에서 이렇게 말했다.

> 단원은 명나라 이유방李流芳(1575~1629년)의 호다. 김홍도 군이 본떠서 자기의 호를 삼은 것은 무슨 생각에서인가? 이유방이 문사로서 고상하고 밝았으며, 그림도 기이하고 전아했던 것을 사모했기 때문이리라. 김홍도는 생김새가 곱고 빼어날 뿐 아니라 속마음도 세속을 벗어나 있다. 보는 사람마다 그가 고아하게 세속을 벗어난 사람이지 시골의 촌놈들과는 다르다는 것을 알 수 있다. 성품상 거문고나 피리의 우아한 소리를 좋아하여 매번 꽃 핀 달밤이 되면 때때로 한두 곡조를 연주하는 것을 즐거움으로 삼았다.

이유방은 그림을 잘 그렸을 뿐만 아니라 그 성품이 '문사文士로서 고상하고 밝았던 것'으로 유명한 선비다. 김홍도가 이를 사모하여 이유방의 호인 단원을 자신의 호로 삼고자 했다는 것이다. 대대로 중인이되 김홍도는 끊임없이 자신을 다잡으며 참 선비이기를, 이유방같이 '고상한 문사'이기를 바라며 살았음을 알 수 있다.

강세황은 「단원기」에서 김홍도의 거처를 묘사하기를 "방 한 칸을 마련하고 마당을 깨끗이 하여 좋은 화초들을 섞어 심었다. 집 안이 맑고 깨끗하여 한 점의 먼지도 일지 않았다. 책상과 안석 사

김홍도金弘道 자화상 끊임없이 자신을 다잡으며 참 선비이기를 갈망한 김홍도의 마음이 잘 드러난 그림으로, 책상과 안석 사이에 오래된 벼루와 고운 붓, 쓸 만한 먹과 희디흰 비단만 있는 정갈한 방에 김홍도가 신선인 양 꼿꼿이 앉아 있다. (북한 조선박물관 소장)

이에는 오직 오래된 벼루와 고운 붓, 쓸 만한 먹과 희디흰 비단만
있을 뿐이었다"고 했다. 그가 직접 그린 자화상에도 탁자에 기물
몇 개만 정갈하게 있을 뿐 아무것도 없는 방에 신선인 양 꼿꼿이
앉은 깨끗한 인물이 그려져 있다.

　항간에는 김홍도가 춘화春畵를 그렸다고 하기도 한다. 그러나 이
것이야말로 터무니없는 말임을, 김홍도의 자나 호를 통해서 알 수
있다. 평생 그를 곁에서 지켜보며 후원자 역할을 한 강세황이 그의
생김새뿐만 아니라 마음도 속세와 다른 신선의 기질이 있었다고
말한 것이나, 그가 문인들의 기본 소양인 거문고나 피리 등 온갖

악기를 좋아했다는 사실을 함께 생각해볼 때 춘화 제작 운운하는 일이 얼마나 터무니없는지 짐작할 수 있다.

김홍도는 조선 사람들이 천시하는 그림쟁이였을지라도 스스로 늘 선비 같은 자세와 마음가짐을 지니고 살아 나중에는 중인 신분으로 얻기 힘든 목민관 벼슬까지 할 수 있었다. 남들의 무시와 평가는 마음대로 조절할 수 없을지라도, 자신의 실체는 스스로 만드는 것임을 김홍도에게서 본다.

목민관이 된 화가

화가 김홍도는 익숙하지만 목민관 김홍도나 사또 김홍도는 어색하다. 그만큼 알려지지 않은 탓이다. 정조 임금은 10년마다 자신의 초상화, 곧 어진御眞을 남기기를 원했다. 봉건국가에서 왕이란 국가 전체를 의미하는 사람이기에 왕의 초상화를 남기는 일은 국가적인 대사업이었다. 그래서 최고의 사람들이 모여 자신의 모든 솜씨를 다 발휘하여 어진을 완성했고, 그 어진이 완성되고 나면 으레 그 일에 참여한 사람에게 큰 포상이 이어졌다. 특히 김홍도는 어진을 그릴 때 전체적인 윤곽보다는 섬세한 터치로 그 생동력을 불러일으키는 데 지대한 공을 했다는 것이 일반적인 평이다.

정조 5년(1781) 어진을 모사한 공으로 김홍도는 정조 8년(1784) 안동부 안에 있는 안기찰방(우체국장 겸 역장)으로 부임하여 2년 반

정도 복무했다. 그 후 정조 15년(1791)에 다시 어진을 그리는 작업이 있었고 그 공으로 김홍도는 연풍 현감으로 발령받는다. 문과 과거를 치르지 않은 화원 출신이 현감으로 제수된 것은 이례적인 일이지만, 김홍도가 그와 같은 영광을 누린 유일한 사람이라는 세간의 평은 잘못된 것이다. 그 전에도 어진 제작의 공으로 화원 김희겸金喜謙(1710년~?)이 사천 현감을 지냈고, 변상벽卞相璧(1730년~?)이 곡성 현감을 지낸 예가 있으니 말이다. 그러나 화원 출신 목민관은 손에 꼽을 정도로 매우 드문 일일 뿐만 아니라, 조선 후기로 갈수록 기술을 천시하는 경향이 두드러졌다는 점을 생각하면 김홍도의 목민관 제수는 매우 특별한 일이었다.

연풍은 충청도 괴산에 있는 아주 조그만 고을이었다. 험한 산들로 둘러싸인 첩첩산중에 있는 고을이라서 이곳으로 도임하는 신임 원님들이 모두 울면서 부임했다고 한다. 그러다 여기에서 지내다 보면 백성들이 원님을 마치 어버이 따르듯 하여 철따라 각종 산나물을 바치기도 하고 관노 사령들도 모두 정성스레 인정미를 느끼게 해주니 임무를 마치고 돌아갈 때는 그 정을 이기지 못하여 또 울며 돌아간다 한다. 그래서 이 지방 전설에 '울고 왔다가 울고 가는 원님' 이야기가 있을 정도니 연풍이 어떠한 곳인지 알 만하다.

예술가적 풍취와 감성이 풍부했을 김홍도가 꼼꼼한 지방행정가로서 정사를 잘 펼쳤는지 여부를 알려주는 기록은 많지 않다. 다만 그때 했던 몇 가지 사실만 남아 있다.

연풍 동헌 풍락헌 김홍도는 정조의 초상화를 그린 공으로 연풍 현감에 제수되었으며, 이곳에서 목민관으로서 선정을 펼쳐 고을 백성들에게 존경받았다. 충청북도 괴산군 연풍에 있으며, 충북유형문화재 제162호다.

김홍도가 부임한 첫해에 연풍에 큰 가뭄이 들었다. 수령 김홍도는 조령산 상암사에 올라가 기우제를 지냈다. 치성을 드릴 뿐만 아니라 자신의 녹봉을 털어 절의 불상에 다시 금을 입히고, 흐릿해진 불화佛畵를 다시 조성해주었다. 「연풍군 공정산 상암사 중수기」에는 다음과 같이 적혀 있다.

임자년(정조 16년, 1792)에 태수 김홍도가 여기에 부임했다가 가뭄에 비를 빌기 위하여 이 암자에 올라 "이 암자가 고을에서 가장 정결하니 치성드릴 곳으로 삼아야겠다"고 하면서 녹봉을 들어 시주를 하여 불상의 색이 흐려진 것을 개금改金하여 환하게 하고 진영眞影과 탱화가 바스러지고 벗겨진 것을 다시 그리고 칠하였다. (……) 절 구경 온 사람들과 승려 등 여기에 이른 이들이 모두 가슴이 상쾌하고 눈에 흡족하여 말하기를 "태수의 공덕이 백성에게 두루 미칠 뿐만 아니라 불가의 암자가 이루어지는 데까지 베풀어지니, 이로써 완전하다고 이를 만하다"고 하였다.

수령으로서 농사짓는 백성의 생업을 위해 기우제를 지내는 김홍도, 자신의 특기를 살려 자기 녹봉으로 재료를 사서 불화를 다시 그리는 정성을 다하는 김홍도는 누가 뭐래도 한 사람의 목민관이다. 그러나 여느 목민관처럼 자신이 양반이네, 고을 치리자네 하며 거들먹거리지 않고, 자신의 재주를 사람들을 위해 쓰는 것을 싫어하지 않고 기꺼이 붓을 잡는 모습이 참 아름답다. '태수의 공덕이 백성에게 두루 미칠 뿐만 아니라 불가의 암자까지 베풀어졌으니 그 은택이 완벽하다'는 칭송까지 들었으니 이즈음 김홍도의 정성과 노력은 백성들을 기쁘게 했음을 알 수 있다. 기쁘게 한 것은 백성뿐만이 아니었는지, 김홍도는 이곳에서 치성을 드린 이후 마흔여덟이라는 나이에 아들을 얻었다고 한다.

목민관 김홍도의 모습은 여기에서 그치지 않는다. 기우제를 올렸는데도 사정은 나아지지 않았는지 흉년이 든 여러 고을을 순찰한 관리가 왕에게 보고하는 내용 중 김홍도의 이야기가 보인다.

『일성록日省錄』정조 17년(1793) 5월의 기록에 김홍도가 나라 곡식에 의지하지 않고 스스로 곡식을 수십 석 내어 굶주린 백성들에게 나눠주었다는 내용이 있다. 김홍도가 곡식 110석 10두를 내어 굶주린 사람을 먹였다고 구체적으로 나온다.

이규상李奎象(1727~1799년)은 『병세재언록幷世才彦錄』을 쓰면서 「유림록」, 「고사록」, 「문원록」으로 세부를 구분하여 각 분야에서 특별한 행적을 남긴 인물들 수십 명의 기록을 남겼다. 그중 좋은 지방관 기록인 「양수령록良守令錄」의 앞부분을 이렇게 시작했다.

옛말에 천재가 아니면 할 수 없는 일이 세 가지가 있다고 했다. 곧 태학사가 되어 글을 쓰는 일과 대장이 되어 전략을 세우는 일 그리고 큰 고을의 수령이 되어 백성을 다스리는 일이 그것이다. (……) 지금 세상에서 고을을 잘 다스리는 사람은 둘로 나누어 부를 수 있다. 하나는 순리循吏로, 사람 마음에 바탕을 두어 다스리는 경우를 말하고, 다른 하나는 능리能吏로, 술책으로 백성을 다스리는 것을 말한다.

이규상의 이런 분류를 떠올리며 생각해보면 김홍도는 순리에 더 가까울 것이다. 아니 순리라고 부를 만큼 잘 다스린 목민관인지는 알지 못하겠으나, 마음에 바탕을 두어 정성을 다한 것만은 확실하다. 기우제를 지내러 갔다가 고을 중심 사찰의 그림이 낡은 것을 보고 사재를 털어 내어놓는 일, 그림 그리는 일을 천시하는 세상에서 목민관으로서 권위를 내세우지 않고 자신의 솜씨를 발휘하며 땀을 흘리는 모습, 백성과 함께 섞여 아들을 주십사 치성을 드리는 모습은 하나하나 참 인간다운 정성이 느껴진다.

현감 시절 김홍도의 행적으로 알려진 일 중 주변 지방관들과 보낸 아름다운 풍류 장면이 있다. 정조 16년(1792) 9월 이광섭李光燮(1750~1803년)이 충청도 병마절도사로 부임한다. 이덕무의 조카뻘 되는 사람으로 김홍도와는 전부터 아는 사이였다. 이광섭은 연풍 현감 김홍도와 연기 현감 황운조黃運祚(1730년~?) 등을 청주로 불러 풍류를 즐겼다. 마침 한양에서 병영에 놀러온 이한진李漢鎭(1732년~?)도 이 자리에 함께 했다. 김홍도는 화원이 아니라 당당한 관장의 한 사람으로 이 자리에 참석한 것이다. 청주의 옛 이름이 서원이기에 이날의 모임을 '서원아집西原雅集'이라 한다. 이날의 모임은 모인 사람들의 면면이나 그 놀이의 즐거움이 널리 소문이 날 정도였다. 이규상의 『병세재언록』에 있는 '황운조' 항목에 이때의 일이 자세히 기록되어 있어서 비교적 정확히 전후 사정을 알 수 있다.

꼭 이때뿐만 아니라 김홍도가 여러 잔치나 모임에 누구누구와 함께 했다는 기록이 상당히 있는데, 이를 통해 볼 때 김홍도는 전반적으로 여러 사람과 좋은 관계를 맺고 살았던 듯하다. 그 위인이 속되지 않고 깨끗했다는 여러 기록과 함께 생각해볼 때 그가 사대부들이나 그 밖의 다른 사람과 어울릴 때 늘 격조에 맞는 태도를 유지한 듯하다.

 앞서 이야기한, 이광섭이 주재한 이날의 모임과 이때 함께 했던
사람들이 결과적으로는 김홍도에게 그리 도움이 되지는 못했다.
이 모임 때문에 김홍도는 오히려 현감직에서 불명예스럽게 퇴직
하게 되었다고 할 수 있다. 이광섭과 충청 감사 이원 사이에 알력
다툼이 생기자, 이날의 모임으로 김홍도가 이광섭 측 사람이라는
인식이 퍼지면서 김홍도는 우여곡절 끝에 결국 파직당하고 만다.

 현감으로 있으면서 김홍도가 한 또 다른 임무는 왕을 위해 그림
을 그리는 것이었다. 국왕 정조는 김홍도에게 금강산을 두루 다니
며 그림을 그려 와서 보여달라고 했다. 그 명대로 김홍도가 몇 달
에 걸쳐 금강산을 사생하고 와서 바친「금강산도」를 정조는 매우
아꼈다고 한다. 이 그림은 아쉽게도 궁궐 화재 때 불타버렸다. 다
만 왕에게 바칠 두루마리본 외에『해산첩』을 엮어 따로 5권 70장
으로 된「금강산도」별본을 만들어둔 것이 있어 김홍도의 그림이
조금이나마 전한다.

 연풍 현감으로 갈 때도 정조의 특별한 뜻이 있었던 듯하다. 한
진호韓鎭㦿의「사인암별기舍人巖別記」에 "일찍이 듣자니 전의 주상
정조께서 그림 잘하는 이 김홍도를 연풍 현감으로 삼아, 그를 시켜
그곳에 가서 영춘, 담양, 청풍, 제천 등 네 지역의 산수를 그려 돌아
오게 하였다 한다"는 기록이 있는 것으로 보아, 정조는 그림으로
금강산을 구경했듯이 단양팔경 역시 그림을 통해서나마 감상하고

싶어 특별히 김홍도를 그곳 지방관으로 보냈음을 알 수 있다.

목민관 김홍도는 정사를 돌보는 여가에 편안히 오고 가면서 그곳 절승을 그림으로도 남기는 일을 했다. 작은 배에서 우뚝 솟은 봉우리를 바라보는 「옥순봉」, 삼봉은 물론 배를 기다리는 강 언덕의 나그네와 건너편 산을 함께 그려 넣은 「도담삼봉」, 우뚝 솟은 바위의 굵고 연한 표현은 물론 절벽 위 나무들의 배치가 절묘한 「사인암」 같은 그림이 그래서 나오게 되었다. 이런 그림은 그것을 들고 지금 그 장소에 가더라도 입이 벌어질 만큼 그 화면구성이 사실적이면서도 집약적이다.

김홍도는 연풍 현감으로 3년 남짓 복무하다 호서위유사 홍대협의 상소로 벼슬에서 갈리고 한양으로 압송된다. 사람들 사이에 중매나 서고 사냥을 빌미삼아 하급 관리들에게 조세를 거두었다는 이유에서인데, 앞서 말했듯이 그에 대한 평가는 김홍도가 교류한 여러 인물간의 세력 다툼 과정에서 이루어진 것이라는 등 이견이 분분하다. 다만 재임 과정에서 그가 화원 출신 목민관으로서 백성을 위해 기우제를 올리고 불화를 조성한 점, 고을 백성을 구휼한 점, 왕을 위해 주변 경치를 그린 점 등을 떠올리며 '화가 김홍도'에 한 사람의 '목민관으로서의 김홍도'를 함께 그리며 그에 대해 좀 더 풍부히 생각해볼 뿐이다.

「옥순봉」(맨 위)과 「도담삼봉」(위) 단양팔경을 그림으로나마 감상하고 싶어 한 정조
의 명으로 김홍도는 연풍 현감 시절 단양의 옥순봉과 도담삼봉을 그렸다. (국립중앙박
물관 소장)

「사인암」김홍도가 그린 단양팔경 중 하나로, 우뚝 솟은 바위의 굵고 연한 표현은 물론 절벽 위 나무들의 배치가 절묘하다. (국립중앙박물관 소장)

견문이 넓어지면 작품도 업그레이드된다

김홍도의 그림에 대해 말하는 것은 참 새삼스럽다. 특히 그가 남긴 여러 풍속화에 대해 말하는 것은 더욱 그렇다. 직접 민중 속으로 들어가 생동하는 그들의 표정과 사연 하나하나를 담아낸 것을 새삼 말해 무엇 하랴. 그렇다면 김홍도는 어떻게 이런 그림들을 그릴 수 있게 되었을까? 물론 그의 천부적 재주를 인정하지 않을 수 없으나, 그가 여러 곳을 다니며 사생을 연습했으며 중국에 가서 서양 화법까지 보고 온 넓은 견문을 더 들 수 있다.

후술하겠지만 그는 왕의 명으로 몇 달간 금강산 일대를 다니며 그림을 그리기도 했고, 충청도에 가서 임경업 장군의 초상을 다시 그리기도 했다. 복헌 김응환과 함께 부산 등 남쪽으로 가서 그림을 그렸다는 기록도 있다. 이런 종횡 무진한 사생 여행은 왕의 각별한 배려로 현지에서 편리를 제공받아 이루어지기는 했으나, 아무래도 그 일로 피로가 쌓여 김홍도는 여러 번 앓아눕기도 했다. 그래도 그의 작품 제작은 끝이 없이 이어졌다.

김홍도의 전국에 걸친 사생 여행 이야기는 엉뚱한 오해로 이어지기도 했다. 김응환과 김홍도가 왕명을 받아 일본에 가서 몰래 그곳 지도를 그려 오려 했으나 김응환은 부산에서 병이 걸려 죽고 김홍도만 대마도에 혼자 가서 지도를 그려 와 왕에게 바쳤다는 것이다. 오세창吳世昌의『근역서화징槿域書畵徵』에서『개성김씨가보開城金氏家譜』에 그렇게 실려 있다고 인용한 내용이다. 근래 어느 문필가는 한술 더 떠서 김홍도가 일본에서 정체불명의 화가로 간첩활동을 하다가 말년에 귀국했다고 하기도 했다. 민중 속에 살아 있는 듯한 그림을 그린 화가 김홍도가 일본에 대항할 만한 활약을 했다고 하면 얼마나 멋있는 일이랴마는 이것은 어디까지나 견강부회일 뿐 전혀 근거가 없다. 김홍도는 평생 왕의 명령에 의해 조정의 각종 기록화를 그리거나 왕 개인이 취향에 따라 요구한 그림을 그리기에도 겨를이 없을 만큼 빡빡하게 생활한 사람이다. 어떻게 어떻게 했다고 하면 김홍도가 더 멋져 보일 수 있으나 사실과 다른 내용을 덧붙여 김홍도를 평가하지는 말아야 한다.

김홍도의 견문은 국내에 그치지 않았다. 정조 13년(1789) 8월 동지정사冬至正使로 중국에 갈 예정이던 당시 판중추부사 이성원李性源(1725~1790년)은 화원 이명기와 김홍도를 이번 행차에 데리고 가겠다고 했고, 정조도 이를 허락한다. 이해는 정조의 아버지인 사도세자의 묘소 현륭원을 양주에서 수원으로 옮겨 새로 조성하기로 한 해다. 그다음 해에 현륭원의 원찰願刹로 용주사가 재건되므로, 정조는 용주사의 불화를 제작할 화원인 두 사람에게 견식을 넓히도록 한 것이다.

김홍도가 중국에 가서 어디를 다니며 무엇을 보았는지는 정확히 알려져 있지 않다. 당시 중국 청나라의 수도 연경燕京에는 이미 서양 화법이 들어와 있었다. 그러니 원근이나 명암을 살린 서양 기법 그림을 볼 수 있었을 것이다. 비슷한 시기 청나라에 간 사람들은 한결같이 연경 천주교 남당의 벽화를 보고는 정신을 차릴 수 없었다는 등의 말을 한다. 김홍도 역시 이것을 보고 서양 화법을 익혔을 것이다.

서둘러 돌아온 김홍도는 이듬해 용주사 후불탱화 제작의 감동監董을 맡는다. 다른 사찰 탱화와는 달리 이곳 탱화는 특별한 점이 많다. 한 평면에 그림을 그렸지만 여러 부처의 입체감이 살아나며 화면 속 인물들이 각각 다른 위치에 서서 걸어 나올 듯한 인상을 준다. 중국에서의 견문이 이와 같이 반영된 것이다.

앞서 말한 이규상 역시 『병세재언록』의 「화주록畵廚綠」에서 김
홍도에 대해 쓰면서, 그가 현감에 임명되었음을 기록한 바로 다음
에 이렇게 썼다.

당시 화원의 그림은 서양의 사면척량화법을 새로이 본받고 있었는
데, 그림을 완성하고 나서 한쪽 눈을 감고 보면 기물들이 반듯하고
입체감이 있어 보였으니 세속에서는 이를 가리켜 책거리 그림(책가
화冊架畵)이라 한다. 반드시 채색을 했다. 당시 상류층의 집 벽에 이
그림으로 장식하지 않은 사람이 없었다. 김홍도는 이러한 재주에
뛰어났다.

아마도 이규상의 평가 역시 용주사의 이 후불탱화를 염두에 두
고 쓴 듯하다. 지금과 마찬가지로 그때에도 그 그림을 보고 느끼는
사람들의 놀라움은 마찬가지였을 테고, 그 놀라움에 이어 김홍도
의 솜씨를 자연스럽게 인정하게 되는 것 역시 똑같다.

망위지우, 망년지우

조선시대 각 분야에서 최고 전문가가 된 이들의 삶과 행적을 살펴
보면 공통적으로 있는 것이 그들을 알아주는 지기知己다. 김홍도는
실력이 워낙 출중하여 많은 사람이 그의 그림 한 점을 얻기를 소원

용주사 후불탱화 정조는 사도세자의 묘소인 현룡원의 원찰願刹로 용주사를 재건하고 김홍도에게 탱화를 그리게 했다. 이곳 탱화는 한 평면에 그림을 그렸지만 여러 부처의 입체감이 살아나며 화면 속 인물들이 각각다른 위치에 서서 걸어 나올 듯한 인상을 준다.

했다. 그러니 그의 실력을 알아준 사람의 이름을 새삼스레 하나하나 거론할 필요는 없을 것이다. 그럼에도 그에게는 엄청난 신분적 차이를 잊고 그를 인정해준 정조라는 망위지우忘位之友가 있었고, 수십 년 나이 차이를 잊고 그를 제자이자 동료이자 지기로 인정해준 강세황이라는 망년지우忘年之友가 있었다.

단원과 정조는 영조 49년(1773) 영조의 초상을 제작하는 일로 처음 만난다. 이후 정조는 김홍도와의 인연에 대해 "김홍도는 그림에 솜씨가 있는 사람으로 그 이름을 안 지가 오래다. 30년 전에 초상화를 그렸는데 이때부터 무릇 그림 그리는 것에 속한 일은 김홍도로 하여금 주관하게 했다"(『홍재전서弘齋全書』 7권)고 했다. 이 글에서 말한 것처럼 정조는 30여 년 동안 김홍도의 작품에 끊임없이 만족을 표하고 그를 격려하며 각종 그림을 주문했다. 조선시대 관공서에 소속되어 있는 공식 화원은 30명이었다. 정조는 이들 중 더 우수한 사람을 뽑아 규장각의 자비대령화원제差備待令畫員制를 실시했다. 하지만 여기에서도 김홍도는 열외로 하여 언제든지 왕의 요구에 부응하는 그림을 그리도록 했다.

조희룡趙熙龍(1789~1866년)은 『호산외기壺山外記』 중 「김홍도전」에서 "그가 한 폭의 그림을 올릴 때마다 정조 임금은 문득 마음에 들어 했다"고 했고, 또 "임금이 금강산과 네 지역의 산수를 그리라고 했을 때 각 고을에 명령하여 특별히 음식 공양하는 것을 경연에서 강론하는 높은 신하들의 경우처럼 예우하라고 했으니, 그것은 특별한 대우였다"고 말하기도 했다. 김홍도가 불명예스럽게 현감직을 잃고 한양으로 압송되었을 때 압송 도중 그의 죄를 용서해주는 조치를 취한 것 등을 보면 김홍도에 대한 정조의 배려와 애정이 어느 정도였는지 잘 알 수 있다.

김홍도는 왕의 직속 화원이기에 그의 그림을 얻는 것 자체로도 매우 영광스러운 일이라 사람들이 다들 그의 그림을 얻고 싶어 했으나 김홍도는 왕과 궁중의 온갖 그림 주문을 소화하기에 겨를이 없어 다 응하지 못했다. 강세황은 당시의 그런 정황을 「단원기」에서 다음과 같이 그려냈다.

세상에서는 김홍도의 뛰어난 재주에 놀라며 지금 사람들이 미칠 수 없는 경지라고 탄식하지 않는 사람이 없다. 이에 그림을 구하려는 사람들은 날로 많아져서 비단이 산더미처럼 쌓이고 재촉하는 사람들이 문을 가득 메워 잠자고 밥 먹을 겨를도 없을 지경이다.

어떤 사람들은 김홍도가 가난하게 생활했다고 하기도 한다. 그러나 앞의 예와 정황으로 알 수 있듯 김홍도를 두고 가난하고 어려운 생활을 했다는 것 역시 잘못 알려진 사실 중 하나다. 정조 임금 사후 김홍도가 죽기 전 몇 해 정도만 사정이 좀 어려웠을 뿐 그는 각종 상급 등으로 풍족한 생활을 했다.

시서화에 모두 능하여 '삼절三絕'이라 일컫은 강세황은 1713년생이니 김홍도와는 서른 살이 넘게 차이가 난다. 김홍도는 예닐곱 살 무렵 강세황의 문하에 드나들면서 그에게 그림을 배웠다. 이후 그들의 인연은 계속되었다. 강세황은 자신과 김홍도의 사이를 「단원기」에서 이렇게 설명했다.

내가 김홍도 군과 더불어 사귀는 동안 앞뒤로 모두 세 번 변했다. 처음에는 김홍도 군이 어린 아이로 내 문하에 다닐 적이다. 이때는 이따금 그의 솜씨를 칭찬하기도 하고 더러는 그림 그리는 방법을 일러주기도 하였다. 중년에는 함께 같은 관청에서 아침저녁으로 같이 있었다. 말년에는 함께 예술계에 있으면서 지기知己의 감정을 느꼈다.

강세황은 이 말대로 김홍도를 제자로서만 대하지 않고 때로는 동료로 때로는 지기로 대하며 그의 능력을 높이 사는 후원자 역할을 했다. 또 그에 대해 글을 남기며 칭찬을 아끼지 않았다. 실제로 요즘 김홍도를 연구하는 사람들이 인용하는 글은 대개 강세황이 쓴 「단원기」 두 편과 「찰방 김홍도와 찰방 김응환을 전송하며[送金察訪弘道金察訪應煥序]」, 「금강산유람기[遊金剛山記]」 등이다. 그 글을 통해서 김홍도가 단원이라는 호를 쓰게 된 이유, 사람들이 입만 열면 '김사능의 풍속도'라고 하던 정황, 산수면 산수 인물이면 인물 등 모든 면에서 뛰어난 김홍도의 실력, 시속의 더러움과는 담을 쌓고 신선 같은 풍모를 지니고 살았던 그의 평소 거처 등을 알 수 있게

되었다. 그만큼 김홍도를 정확
하고도 폭넓게 평가한 것이다.

이들 두 사람은 평생 나이
를 잊은 지우로 사귀었다. 김
홍도가 그린 그림에 강세황이
글을 남긴 작품이 그래서 많
다. 예를 들어 김홍도가 부채
에 그린 그림 「기려원유도騎驢
遠遊圖」가 있다. 이것은 강가
길을 따라 한 노인이 나귀를

강세황姜世晃 초상 김홍도보다 서른두 살이나 많
은 강세황은 나이 차이를 잊고 김홍도를 제자이
자 동료이자 지기로 대하며 후원자 역할을 했다.

타고 버드나무 두 그루가 있는 밑을 지나며 고개 돌려 물새 두 마
리가 날아가는 장면을 보는 그림이다. 강세황은 "사능이 중병을 앓
고 일어나 이렇게 정세한 그림을 그렸으니 오랜 병에서 회복했음
을 알 수 있어서 기쁘다"며 다음과 같이 발문을 적어 넣었다.

옷에 묻은 전쟁터의 먼지 술 찌꺼기와 뒤섞이니
먼 곳 떠돌며 상심하지 않은 곳이 없었네
이 몸이 어찌 꼭 시인이어야 하겠는가
보슬비에 나귀 타고 검문산에 들어가네
衣上征塵雜酒痕 遠遊無處不銷魂 此身合是詩人未 細雨騎驢入劍門

「송하맹호도松下猛虎圖」
노년의 깊음이 배어나는
강세황의 소나무 그림에
수만 개의 호랑이 터럭
을 일일이 그려 넣는 김
홍도의 성실함이 더해진
이 그림은 두 사람의 아
름다운 인연을 더욱 빛
내주는 작품이다. (호암
박물관 소장)

그림과 글이 어우러져 또 다른 묘한 울림을 준다.

이 두 사람은 한 그림을 나란히 함께 그리기도 했다. 강세황이 그린 소나무 밑에 김홍도가 그린 호랑이가 있는 「송하맹호도松下猛虎圖」가 그렇게 해서 나온 작품이다. 노년의 깊음이 배어나는 강세황의 소나무 그림에 수만 개의 호랑이 터럭을 일일이 다 그려 넣는 김홍도의 성실함이 더해져 나온 이 작품은 두 사람의 아름다운 인연과 응원이 있기에 더욱 값지다.

남들이 천시하는 그림쟁이일지라도 출중한 실력을 갖추고 스스로 걸맞은 인품을 갖추었으며, 게다가 지기까지 얻을 수 있었던 김홍도는 참으로 행복한 사람이었다. 그러나 그 행복은 그냥 온 것이 아니다. 한 점 그림에 수만 개의 호랑이 터럭을 다 그려 넣을 만한 성실함이 있었기에 김홍도가 있는 것이요, 선비다운 인품을 유지하기 위해 끊임없이 노력했기에 김홍도가 있는 것이다.

김홍도의 삶과 예술을 새삼 몇 줄로 정리하고 평가할 수는 없다. 화가 등이 천시받는 조선에 태어났지만 그는 그 그림으로 왕의 마음을 움직였고, 양반들의 성역이라는 벼슬자리에 들어가 실제로 한 고을의 우두머리로서 정치도 직접 해보았다. 그리고 정치 일선에서 물러난 뒤에는 자신을 놓치지 않고 깨끗하고 조용한 성품 그대로 일상으로 돌아가고, 다시금 그림에 정열을 바친 사람이 바로 김홍도다. 그의 삶은 진정 그의 것이었고, 날마다 의미 있는 삶이었다.

정운창이 바둑돌을 놓는데 포위하는 것이 마치 성채와 같고 끊는 것이 창끝처럼 예리하며, 세우는 것은 지팡이와 흡사하고, 합치는 것은 마치 바느질한 것 같았다. 응전하는 것이 쇠북과 같고 우뚝 솟는 게 봉우리 같으며, 닫는 것은 그물 같고 비추는 것은 봉화 같았다. 그가 판 함정은 마치 도끼 구멍 같기도 했다. 변화는 마치 용이 그러는 듯했고, 모여드는 것은 마치 벌이 그러는 듯했다.

최고와 겨루어야 최고다, 최고를 대접할 줄 알아야 최고다

생활수준이 높아지면서 생업을 위한 노동 시간 외의 여가에 무엇을 하며 어떻게 삶을 보낼 것인가에 관심을 갖는 사람이 늘었다. 그래서 운동도 하고 악기도 배우고 여행도 다닌다.

조선시대 사람들은 여가 취미를 말할 때 '금기서화琴棋書畫'라는 단어를 썼다. 거문고, 바둑, 서예, 그림이라는 네 가지를 가리키는 말이다. 먹고살 만해야 여가를 즐길 수 있으므로 이런 것은 살 만한 양반들의 취미임은 말할 것도 없다. 선비치고 이 넷을 하지 못하면 제대로 된 사람이 아니었다. 이중 바둑만은 오늘날에도 변함없이 사람들의 깊은 사랑을 받는 여가 생활 대상이다. 바둑으로 세상에 이름을 날린 정운창鄭運昌(?~?)의 삶을 보며 그때와 지금을 함께 생각해보자.

시골 약골10년을 쏟다

이 장의 주인공은 순조 시절 주로 활동한 정운창이다. 그는 전라도 보성에 살았다. 오늘날에야 녹차밭으로 이름이 좀 났지만 조선시대만 해도 보성은 한양에서 아주 멀리 떨어진 전라도의 어느 깊은 촌에 불과했다. 정운창이라는 사람이 언제 태어나 언제 죽었는지, 누구의 아들이며 신분이 무엇인지는 정확하게 나와 있지 않다. 다만 보성 사람이며 사촌 형 아무개에게 바둑을 배웠다고만 했다. 부모에 관해서는 한마디도 없는 것으로 보아, 일찍 부모를 여읜 고아거나 최소한 천민 부모에게서 태어났으리라고 추정할 수 있다.

　정운찬에 대해 쓴 전기인 이옥李鈺(1760~1813년)의 「정운창전鄭運昌傳」과 이서구李書九(1754~1825년)의 「기객소전棋客小傳」을 중심으로 그의 삶을 살펴보자.

「위기도圍棋圖」 조선시대 선비들이 여가로 즐긴 바둑 두는 모습을 담았다.

정운창은 어려서부터 늘 앓는 약골이었다. 늘 골골대며 누워 지내는 동생이 안쓰러웠던 사촌 형이 정운창에게 바둑을 가르쳤다. 몸이 약하니 밖에 나가 무슨 노동을 할 수도 없고, 그렇다고 계속 방 안에 누워 천장만 쳐다보면서 평생을 보내게 할 수도 없다고 생각했다. 그런데 뜻밖에 어린 정운창은 바둑에 대해 놀라울 만큼 흥미를 보이면서 거기에 매달렸다. 문밖에도 나가지 않고 오륙 년 동안 바둑에만 열중했다. 아침을 먹었는지 안 먹었는지, 언제 잤는지, 지금이 오전인지 오후인지조차 잊어버릴 정도로 열중하는 동생이 걱정스러워 사촌 형이 한마디 했다.

"동생아, 너무 힘들게 하지 마라. 그렇게까지 안 해도 행세할 수는 있단다."

하지만 괜히 바둑을 가르쳐주었나 은근히 후회하는 사촌 형의 걱정을 뒤로하고 그 후로도 정운창은 몇 년 동안 바둑에만 열중했다. 10년이 되자 홀연히 바둑의 묘한 이치를 깨닫게 되었다.

늘 골골대던 사람이, 더구나 먹고 자는 것을 불규칙하게 한 것은 물론 문밖에 나서지도 않았으니 10년 동안 운동조차 하지 않은 것이다. 각종 질병과 위생 문제로 사망률이 높은 시대인 데다 시골에 살아 아파도 의원에게 변변한 치료조차 받지 못했을 텐데도 10년간이나 바둑에 집중하며 잘 살았던 것을 보면 참 신기한 노릇이기도 하다. 한 대상에 대한 놀라운 사랑과 집중이 심지어 아픈 것까지 모두 잊고 살아가게 해주는 힘이 되었음을 그의 예에서 본다.

10년 수련으로 이제는 되었다 싶어 정운창은 넓은 세상을 찾아 한양으로 갔다. 그러나 꾀죄죄한 시골 사람을 알아봐주는 사람은 전혀 없었다. 바둑이란 꽤 수준 높고 운치 있는 취미로 여겨지는 것이 사실이라 이것 하나 잘하면 어느 부잣집이나 권세가의 식객 노릇 하기는 어렵지 않을 텐데 그 실력을 보여줄 기회를 잡기가 쉽지 않았다. 어떻게 할까 고민하다 알아보니 당대 바둑으로 상당히 이름이 알려져 있던 전 금성 현령 정박鄭樸이 남산 밑에서 바둑 모임을 연다고 했다. 모임에 찾아갔다.

정박이 보니 웬 낯선 이가 왔는데, 아무 말 없이 몇 판 구경하다가 바둑 두는 이가 실수할 때면 으레 씩 웃는 것이었다.

"객도 바둑을 둘 줄 아는가?"

"시골 사람입니다만 그래도 바둑의 규칙 정도는 압니다."

그래서 그중 한 사람에게 대국을 해보라 했다. 그런데 규칙 정도 아는 수준이 아니었다. 좀 더 실력이 있는 이와 대국을 권했다. 척 보니 그 사람 수준도 훌쩍 넘었다.

"그러지 말고 나랑 대국하세나."

정박 자신도 바둑 하면 나라에서 손가락 안에 들 정도의 실력인데, 그래서 퍽이나 자랑스럽게 여기며 바둑 모임을 주관하고 있었는데 어떻게 하다 보니 한 판 졌다. 다시 하자고, 또다시 하자고 하여 정박은 내리 세 판을 졌다. 그제야 인정했다.

"참으로 국수國手시오. 도대체 어디서 온 뉘시오? 정말 대단하시오."

순식간에 한양에 정운창의 이름이 퍼졌다. 이제 시골 약골에서 당당히 한 사람의 국수로 다시 태어난 것이다. 10년을 한결같이 쌓은 수련이 빛을 발한 것이다.

동양 문화권에서 바둑은 그 역사가 깊고, 그렇기 때문에 관련 일화들이 많다.

『삼국지연의三國志演義』에 나오는 다음 일화는 널리 알려진 이야기다. 관우가 위나라와 싸우다 어깨에 독화살을 맞았다. 급히 수술

바둑 두는 관우 관우가 위나라와 싸우다 어깨에 독화살을 맞아 살과 뼈를 긁어내는 수술을 하고서도 태연히 바둑을 두었다는 일화를 소재로 만든 조형물이다. 중국 형주荊州에 있다.

을 하여 상처 부위 주위의 살과 뼈를 상당히 긁어내어야 했다. 주위에 있는 사람들은 그 어마어마한 수술에 차마 제대로 쳐다보지도 못하고 있는데 관우는 태연히 바둑을 두었다는 이야기. 중국에서 바둑과 관련한 이야기는 이 밖에도 많다.

우리나라에서도 예외가 아니다. 신라시대 효성왕이 왕자 시절 신충과 바둑을 두면서 신충을 잊지 않으마 약속했지만 막상 왕이 된 후 잊어버리자 신충이 함께 바둑을 두던 잣나무 앞에서 시 한 수를 읊자 그 나무가 말라죽었다 한다. 이런 사연과 함께 전해지는 노래가 향가 「원가怨歌」다.

고려시대 유행한 노래 「예성강곡禮成江曲」도 바둑 때문에 생긴 노래다. 『고려사高麗史』 71권을 참고로 이야기를 풀어보면 이렇다. 당시는 송나라와 고려가 뱃길을 통해 활발히 무역을 하던 때다. 하씨 성을 가진 송나라 상인이 우연히 예성강 근처에서 한 미인을 보고 한눈에 반했다. 알아보니 그 여인은 어엿이 남편이 있는 여자였다. 잊으려 해도 그 얼굴이 눈에 삼삼하여 견딜 수 없었다. 그때 어쩌다 그 남편이 바둑을 매우 좋아한다는 이야기를 들었다. 바둑만큼은 자신 있던 상인은 무릎을 쳤다.

다음날 자연스레 그에게 접근하여 바둑을 두었다. 그 후로 수시로 그 여인의 남편과 바둑을 두며 친하게 지냈다. 물론 그 남편과 엇비슷하거나 좀 못하게 보이도록 힘썼다. 그러다 며칠 후 한 가지 제안을 했다.

"나 이제 본국으로 돌아가야 하오. 오늘이 마지막일 듯하오. 마지막이니 우리 크게 한 판 벌여봅시다. 내 배에 실린 전 재산을 걸겠소. 한 판 합시다."

"아니…… 내가 가진 건 그저 쓰러져가는 집 한 채뿐이오. 돈도 몇 푼 없고. 그런데도 괜찮겠소?"

"그렇다면 당신 아내를 거시오."

"음……. 좋소, 그럽시다. 말 바꾸기 없기입니다. 아셨죠?"

"아, 물론이오."

드디어 쌍방 전부를 건 승부가 시작되었다. 상인은 숨겨둔 실력을 발휘하여 단판에 이겨버렸다. 결국 아내를 빼앗긴 남편은 송나라로 떠나는 배를 보고 통곡하며 노래를 지어 불렀다. 이것이 바로 「예성강곡」이다. 물론 옳지 못한 방법으로 남의 아내를 데려간다는 이유로 용왕의 노여움을 샀는지 도중에 광풍을 만나 할 수 없이 배를 돌려 아내를 돌려보내주었다는 후일담이 전해진다. 노랫말은 전하지 않지만, 바둑 때문에 큰 일 날 뻔한 한 부부의 이야기는 역사에 남게 되었다.

온갖 이유로 세상을 등지고 산 속에 들어가 살거나, 그저 평범한 사람처럼 백성들 가운데 섞여 살던 은자가 바둑을 두는 모습으로 세상에 드러나는 경우는 수없이 많다. 하나만 예를 들어본다.

서애 유성룡의 숙부 중 한 사람이 어느 날 유성룡을 찾아왔다. 유성룡은 그 숙부를 평소 탐탁찮게 여겼다. 생김새도 보잘것없고 행동거지도 어리석은 듯하며 평소 말도 잘 하지 않는 탓에 어수룩한 사람처럼 보였기 때문이다. 그 숙부가 대뜸 바둑을 두자고 했다.

"숙부님께서도 바둑을 둘 줄 아십니까?"

놀라면서도 어른이라 거절할 수는 없어 대국을 하는데 유성룡이 연달아 세 판을 졌다. 놀라는 유성룡에게 숙부가 말했다.

"오늘밤에 한 중이 자네를 찾아올 것이니 내가 머물고 있는 초막으로 보내게."

이상하지만 그러겠다고 하고 하루를 지냈는데 그 말대로 초저녁에 한 중이 찾아와 하룻밤 유하게 해달라 했다. 숙부의 말대로 초막으로 보냈다. 숙부와 중이 함께 잠자리에 들었다.

한밤중에 유성룡의 숙부가 일어나 그 중의 짐을 풀어 그 속에 있던 조선의 지도와 단검 한 쌍을 꺼내놓고 중에게 올라타 칼을 겨누었다. 그러고는 소리쳤다.

"네 죄를 네가 알렷다! 네가 이 나라에 인물이 없는 줄 알고 함부로 다니며 이 땅을 유린하려 하느냐? 조선의 국경, 요새, 성문이나 험한 곳, 평평한 곳 등은 물론 기계나 양식까지 다 기록하여 이 나라를 치려 한다는 것을 다 안다."

살려만 달라고 애걸하는 중을 죽이려다 숙부는 한숨을 쉬었다.

"내 너를 죽여 무엇 하랴. 조선 7년 재액은 하늘이 정한 운수인 걸……. 하지만 너희 왜놈들이 이 안동 땅에 한 놈이라도 들어온다면 내가 너희를 모두 없애버릴 것이다. 알겠느냐?"

"예, 예. 그리하겠습니다."

정말로 임진왜란 때 조선팔도가 다 불바다가 되었으나 안동 땅만은 폐허가 되는 것을 면했다 한다. 『청구야담』에 나오는 이야기다.

그 숙부가 누구인지는 자세히 나오지 않는다. 그가 정말 뛰어난 사람이라 전쟁을 예견하고 첩자가 언제 어디로 올지까지 알 수 있는 능력을 지닌 사람이라면 전쟁까지도 막아줄 것이지 생각할 수도 있으나, 한결같이 도가 높은 은자들은 천리天理를 거스르지 않는 모습을 보이는 것에서 그친다. 어쨌든 우리나라 야담에서 뛰어난 은자는 이처럼 늘 바둑을 두는 사람으로 나온다. 그리고 그 바둑을 통해 수를 읽고 또는 수를 알려주는 사람으로 나온다.

속세를 떠나 무릉도원에 사는 신선들도 늘 바둑을 두는 모습으로 나타난다. 그래서 우리나라에서 절경을 자랑하는 곳, 깊은 산 속에는 으레 신선들이 바둑을 두던 곳이라는 전설과 함께 바둑돌이 발견되었다. 단군신화의 배경지인 북한의 묘향산에도 신라시대 고승인 원효와 의상이 만나 바둑을 두었다는 곳이 있고, 서울 시민이 많이 올라가는 도봉산에도 암각 바둑판이 남아 있다. 단양팔경 중 하나인 사인암의 너럭바위에도 바둑판 자국이 선명하게 남아 있으며, 한려해상 남단 거문도에서 바둑판바위가 있다. 바야흐로 전국에서 바둑과 함께한 많은 이들의 흔적을 볼 수 있을 만큼 바둑은 우리 조상들과 가까운 것이었다.

도봉산 암각 바둑판 우리나라에서 절경을 자랑하는 곳이나 깊은 산 속에는 으레 신선들이 바둑을 두던 곳이라는 전설과 함께 바둑돌이 발견된다. 조선 인조 때의 문신 이안눌李安訥(1571~1637년)이 해촌전장 (지금의 도봉구 방학동에서 우이동 제곡에 이르는 지역)의 바위에 바둑돌을 새기고 바둑돌 놓는 구멍을 파놓 은 것이 도봉산에 남아 있다.

최고와 겨루어야 최고다

바둑과 관련한 정운창의 사연 역시 흥미롭다. 정박을 이긴 일로 한양에서 하루 만에 이름이 났지만 정운창은 이것에 만족하지 않았다. 이 사람 저 사람이 만나서 바둑 한 수 두자고 해도 거절했다. 대신 당시 바둑에서 최고로 이름이 난 김종기金鍾基와 겨루겠다고 결심하고 그를 찾아갔다. 그런데 마침 평양 순찰사가 부임하면서 김종기를 데리고 가서 만날 수 없었다.

그저 기다릴 수 없었던 정운창은 당장 평양으로 길을 떠났다.

발이 부르트도록 힘들게 걸어서 결국 평양에 이르렀는데 이번에는 문에서 관리들이 들여보내주지 않았다. 사흘을 떠나지 않고 버텼다. 김종기와 대국해보지 않은 사람이 어찌 당대 최고라고 말할 수 있으랴. 최고와 겨루어야 최고가 될 수 있다 생각하며 말이다. 꼼짝도 않고 그와 만나게 해달라고 조르고 또 졸랐다.

이 사연을 들은 순찰사가 그를 불렀다.

"듣자 하니 자네가 김종기를 만나겠다고 저 아래 지방에서 여기까지 왔다고 하던데, 친척인가?"

"아닙니다……."

"그럼…… 알 만하구먼."

갑자기 장난기가 발동한 순찰사는 김종기를 불러세우고 정운창을 향해 말했다.

"하지만 김종기가 마침 여기 없으니 이 사람과 먼저 겨루어보게. 이 사람도 실력이 괜찮다네."

순찰사의 눈짓에 사태를 파악한 김종기는 아무 말 없이 그와 대국을 시작했다.

"딱!"

"딱!"

바둑돌 놓는 소리가 이어졌다.

"……."

한 수 한 수 놓일 때마다 김종기는 침이 마르고 땀이 났다. 그런

데 앞에 앉은 정운창은 그저 편안해만 보이는 것이 아닌가? 돌아가는 판세를 파악한 순찰사의 눈도 휘둥그렇게 되었다.

"전에는 그렇게 기염을 토하여 팔을 걷어붙이고 최고인 양 하더니 오늘은 왜 이런단 말이냐? 힘을 내봐."

하지만 결국 김종기는 졌다. 순찰사는 사실대로 말한 후 정운창에게 상금 20냥을 내렸다. 이제는 그야말로 조선 최고의 바둑 기사가 된 것이다.

우리나라 바둑의 역사가 정확히 언제부터라고 말하기는 어려우나 대체로 이미 삼한시대에 바둑이 있었다고 하는 것이 일반적이다. 하지만 워낙 오래전 일이라 누가 바둑을 얼마나 어떻게 두었는지는 알기 어렵다. 조선시대에 와서야 국수國手의 명맥도를 그릴 수가 있다. 조선 초 태종 때에는 방복생이 일인자였고 이후 세종 때에는 병조참의를 지낸 조순생이 세상을 풍미했다. 이후 성종과 선조 때에 이서와 윤홍임이 국수의 계보를 이었다고 하지만 이즈음의 기록 등에 의하면 종실 인물인 서원령이 좀 더 고수인 듯하다. 그리고 한두 사람을 거쳐 영정조 때에 국수인 한대수를 김종기가 꺾어 최고가 되었다. 그러고는 정운창이 다음 시대 국수가 되었다.

그럼 정운창의 바둑 실력은 어땠을까? 남은 기록으로 그의 실력을 유추해보자. 정운창의 실력을 제대로 보고 싶어 한 어느 정승이 큰 상과 벌을 내걸고 그에게 바둑을 두라고 했더니 그가 보여준 실력은 이랬단다. 이옥은 「정운찬전」에서 무려 열한 가지 비유법을 써서 그가 바둑 놓는 상황을 묘사했다.

> 정운창이 바둑돌을 놓는데 (……) 포위하는 것이 마치 성채와 같고 끊는 것이 창끝처럼 예리하며, 세우는 것은 지팡이와 흡사하고, 합치는 것은 마치 바느질한 것 같았다. 응전하는 것이 쇠북과 같고 우뚝 솟는 게 봉우리 같으며, 덮는 것은 그물 같고 비추는 것은 봉화 같았다. 그가 판 함정은 마치 도끼 구멍 같기도 했다. 변화는 마치 용이 그러는 듯했고, 모여드는 것은 마치 벌이 그러는 듯했다.

한 표현 한 표현 그 모습을 상상해보라. 그야말로 아무도 범접할 수 없는 최고 경지가 아닌가. 그러니 누군들 그 앞에서 숨이나 편히 쉬겠는가.

이옥은 정운창의 전기를 마치면서 "바둑 두는 솜씨에는 천재와 인공의 차이가 있다고 하던데, 정운창의 경우를 어찌 인공적으로 된 바둑이라고 하겠는가"라고 했다. 천부적으로 타고난 천재가 아니면 어떻게 그만큼 잘 두겠느냐는 평가이니, 한마디로 그 누구도 따를 수 없는 솜씨라는 것이다. 하지만 밥 먹고 잠자기까지 미루고 한결같이 10년간 수련한 것을 어찌 잊고, 그저 그가 다만 타고난 사람이라고 하겠는가.

이서구는 정운창이 나이 마흔이 되었을 때 이야기를 몇 자 더 적었다. 한마디로 그의 나이 마흔이 되었을 때 그 솜씨는 더욱 정

『척재집惕齋集』 이서구의 문집으로, 정운창의 전기인 「기객소전棊客小傳」이 실려 있다. (국립중앙도서관 소장)

교해졌다고 했다. 자신이 최고라고 그저 쉽게쉽게 바둑을 둔 것이 아니었다. 반드시 정신을 가라앉히고 묵묵히 돌 하나하나를 헤아려서 둘 수 있는 수를 몇 개까지 잘 본 뒤에 바둑을 두었다. 그렇기에 어쩌다 바둑판이 엎어지거나 흐트러져도 어김없이 똑같이 바둑돌을 다시 놓을 수 있을 정도였다고 한다. 그렇게 신중하게 했기에 낮 시간이 최고로 긴 여름날 동안에도 바둑을 한두 판밖에 두지 못했다고 이서구는 썼다.

그러니 어찌 그가 10년 노력했다고 말하는 것에 그치랴. 정운창은 평생 노력하며 수련했다고 말해야 할 것이다. 그는 타고난 천재가 아니었다. 오히려 자신이 할 수 있는 노력과 공을 100퍼센트 다 바둑에 쏟았기 때문에 최고가 된 사람이라고 해야 할 것이다.

정운창이 바둑의 최고 명인이 되었다는 사실 외에 더 생각해볼 것
이 있다. 실력이 출중하면 좀 건방지거나 교만해도 용서되는 부분
이 있기 마련이지만, 뭐니 뭐니 해도 최고는 '실력이 좋으면서 행
실도 좋은 경우'다. 최고로 등극한 사람의 최고 행동은 어떠해야
할까? 정운창의 이후 행적에서 이를 볼 수 있다.

순찰사가 임기를 마치고 돌아갈 때 김종기와 정운창은 함께 한
양으로 돌아왔다. 한때 자타가 공인하는 최고 국수였던 김종기가
어느 날 정운창을 청했다. 그는 정성껏 차린 음식에 술을 한 잔 따
르며 어렵게 입을 뗀다.

"제가 일찍부터 바둑을 배워 사람들 사이에 출입한 지 10여 년
이 지났습니다. 다들 저를 일인자로 치켜세웠으나 당신에 비하면
저는 제자뻘도 못 됩니다. 그러니 저는 당신과 겨룰 수도 없지요.
다만 전날을 생각하여 당신께서 조금만 양보하여 제 얼굴이나마
부끄럽지 않게 해주십시오."

정운창은 무슨 말인지 곧장 알아차렸다. 하루아침에 정운창 때
문에 일인자의 자리에서 물러났으나 그의 명성을 하루아침에 물리
쳐버리고 무시해버리면 그간 그를 높이고 후원해준 사람들은 뭐가
되며, 또한 김종기의 얼굴은 뭐가 되는가. 그러니 조금만 배려해달
라는 부탁에 정운창은 곧바로 "그러겠습니다" 하고 약속했다.

이후 바둑 두는 장소에서 둘이 마주치면 서로 뒷걸음질쳐서 대적하지 않았다고 한다. 이서구는 정운창의 전기를 쓰면서 그의 바둑 실력은 뛰어났으나 '성품은 교활하다'고 하기도 했으나, 김종기와 한 약속을 끝까지 지킨 것은 확실한 듯하다. 그래서 두 사람의 이름이 모두 아름답게 기억될 수 있었다. 훌륭한 국수였다고.

정운창은 최고가 된 후 약 20년간 바둑계를 제패하다 세상을 떠났다. 그의 인생 후반부를 알려주는 기록은 많지 않다. 다만 안대회 교수가 최근 발굴한 유본학의 「바둑 잘 두는 사람 김석신에게 주는 글[贈善棋者金錫信序]」에, 김석신이 당대 최고수인 정운창과 수천 번의 대국을 통해 누구도 대적하지 못할 고수가 되었다는 내용이 있다. 그래서 바둑계에서는 정운창의 뒤를 김석신이 이었다는 계보도를 만들 수 있었다.

승부의 세계에서 영원한 제왕은 없다. 바둑 역시 승자와 패자가 있기 마련이고, 이길 때가 있으면 질 때도 있다. 최고인 사람을 꺾어 최고에 올랐을지라도 앞사람을 높이고 존중할 줄 아는 사람이 있었기에 오늘날 바둑의 명맥이 김종기에서 정운창으로 이어졌다고 말할 수 있고, 김종기를 한 시대를 풍미한 국수로 기억할 수 있다.

물론 천민인 정운창이 바둑의 최고수라는 이름으로 어떤 벼슬을 얻었다거나 큰 부자가 되었다는 기록은 찾아볼 수 없다. 오늘날에는 전문 바둑인이 있어서 그것을 생업으로 삼고, 성공한 사람이라 평가받는 경우도 있지만 조선시대 바둑은 어디까지나 잔단 기예나 취미에 불과했으니 어쩌면 당연한 일이기도 하다. '성공'이라는 단어로 규정할 수는 없지만 어느 분야에서건 최고가 된 사람은 그에 맞는 평가를 해주어야 한다. 그리고 최고를 대접할 줄 아는 최고이기에 정운창을 더 기억해야 하는 것이다.

숨은 고수를 향한 묵념

정운창에게 처음 바둑을 가르쳐주었다는 사촌 형은 그럼 그 실력이 어떠했을까? 정운창은 "그 사촌은 나보다 몇 급 높은데, 창평에 사는 어느 젊은이에게 배웠다고 하더군요. 하지만 그 창평의 젊은이는 또 누구에게 전수받았는지는 모릅니다"라고 말했다 한다. 정운창을 최고로 하는 세월이 거의 20년이나 지속되었는데 정운창 스스로 몇 급 높다고 말한 그 사촌의 실력은 어떠하며, 또 그 사촌을 가르쳤다는 창평 사는 젊은이의 실력은 어떠하며, 그를 가르쳤다는 또 다른 사람의 실력은 어느 정도일까? 중국 무술영화에 보면 실력깨나 있다는 사람이 무림의 숨은 고수들에게 간단히 제압당하는 장면이 종종 나온다. 필자는 정운창이 한 앞의 말을 읽으면서 그 중국 무술영화 장면을 떠올렸다. 기록에도 남지 않은 그 어마어마한 숨은 고수들이 얼마나 많이 있었을 것인가? 우리가 어느 분야에서건 최고가 되었을 때도 늘 조심하고 겸손하게 노력하며 최고들을 최고로 대우해야 하는 이유가 바로 이런 데 있을 것이다.

지금 세상 결주 사람 장혼 씨는

타고난 자질 굳세고 얽매임 없더니

책 상자 짊어지고 못 박이도록 천리를 다니며

이웃의 불이나 달빛으로 늙어서도 독서 힘쓰네

'시종'이라 제목 짓고 손수 가려 뽑는데

이십 년 되도록 붓놀림은 피곤할 줄 모르네

이제 새겨서 장차 오래도록 전하려 하니

한번만 보면 그 뛰어남을 알 수 있으리

10_ 신체장애에 좌절하지 않은
출판전문가 장혼

나만의 인생이 아닌
우리 인생을 역전시키리

장혼張混(1759~1828년)이라는 사람이 있었다. 그는 요즘 말로 소아마비를 앓아 한쪽 다리가 불편한 장애인이다. 아버지는 음악 하던 장우벽張友璧(1735~1790년)이다. 음악을 전문으로 하던 사람이라 그리 대접받지는 못했고, 음악밖에 할 줄 모르던 사람이라 집은 늘 가난했다. 게다가 치매를 앓기까지 했다. 물론 장우벽은 우리 음악사에서 조선 후기 가단歌壇의 큰 맥을 형성한 사람이라 평가받기는 하지만 이건 나중 문제고, 아들 장혼에게 그리 자랑할 만한 좋은 처지를 남겨준 아버지는 아니었다.

하지만 장혼은 신체적 불구와 집안의 가난과 신분적 한계에도 불구하고 꿋꿋이 이 세상을 살아갔다. 그는 스스로 활자를 만들기까지 하면서 출판과 교정 분야에 탁월한 솜씨를 갖춘 전문가가 되었다. 그리고 그 전문 기술로 자기와 같은 중인 신분의 사람들을 기록하고, 그들의 자식들에게 참 교육을 실시했다. 당장이 아니라 먼 미래를 보며 교육과 출판을 통해 위항인委巷人 계급이 한꺼번에 인생의 새 꿈을 꾸며 사람답게 살 수 있도록 하기 위해 노력한 인물이다.

학술과 출판의 전성기
정조 시절 감인소에서

널리 알려진 대로 조선 임금 중 정조는 특히 학문을 좋아한 인물이
다. 많은 제도와 기구를 만들어냈음은 물론 학문을 좋아하여 스스
로 많은 책을 수입하고 다양한 책에서 중요한 것을 뽑아 출간했을
뿐만 아니라 내외의 여러 좋은 문집을 다투어 수집하기도 했다. 스
스로 남긴 글도 많다. 그래서 18세기 정조 시기를 중심으로 이때에
나온 책들에 관해서만 연구하여 몇 권의 책으로 출간하고도 남을
만큼의 업적을 남겼다.

또한 정조가 펼친 정책 중 특이한 것이 있다. 신분의 한계를 뛰
어넘어 서얼일지라도 학식과 능력이 뛰어난 사람을 벼슬에 임용
하는 것이었다. 특히 규장각 검서관으로 서얼 출신 지식인을 많이

등용하여 수많은 책을 쓰거나 엮거나 교정했다. 여기에서 활동한 사람들이 박제가, 이덕무 등이다. 널리 알려진 인물이 이들일 뿐 더 많은 사람들이 미관말직이나마 이때 벼슬자리에 들어 각기 능력을 발휘했다.

중인 신분의 장혼도 이때 벼슬길에 오른다. 정조는 재위 14년 (1790) 옛 홍문관 터에 감인소監印所를 설치했다. 이때 장혼은 순암醇庵 오재순吳載純(1727~1792년)의 추천으로 종9품 관직인 사준司準이 되었다. 이때 그의 나이 32세였다. 그가 비록 정식으로 누구의 문하에서 공부한 적은 없으나 총명하여 읽은 책도 많고 아는 내용도 많은 데다 꼼꼼하고 일하는 속도도 빨라 각종 문집이나 책의 교정에 재주가 있다 하여 추천받은 것이다.

책을 펴내는 기술, 곧 인쇄술의 발명은 인류 역사에서 획기적인 의의를 지니는 사건이다. 사람들 사이의 의사소통을 더욱 폭넓고 원활히 하고, 정보를 많은 사람이 더 평등하게 공유할 수 있게 된 것은 인류 발전에 크게 기여한 것으로 평가된다. 이런 인쇄술의 역사에서 우리나라는 매우 중요한 위치를 차지하고 있다. 구텐베르크의 금속활자보다 무려 200년이나 이른 시기에 금속활자를 발명했기 때문이다. 세계에서 가장 오래된 금속활자 인쇄본도 바로 우리의 『직지심체요절直指心體要節』이다. 물론 우리나라에서 처음 발명된 금속활자는 구텐베르크의 금속활자에 비해 그다지 많이 찍어내지 못했다는 점 때문에 그 의의를 냉정히 평가하는 사람도 있

창덕궁 규장각 장혼은 32세 때 규장각 소속의 감인소에 들어와 약 25년간 이곳에서 왕명으로 간행되는 수많은 책을 교정하고 인쇄했다.

다. 하지만 처음은 처음으로서의 의의가 충분히 있는 것이기에 우리는 인쇄문화에서 훌륭한 역사적 유산을 가진 것이 사실이다. 이런 우리나라 역사에서 인쇄 출판 전문가의 한 사람으로 기록되어야 할 인물이 바로 장혼이다.

　장혼은 규장각 소속의 감인소에 들어온 이래 1816년까지 부모의 상을 당했을 때를 제외한 약 25년간 이곳에서 왕명으로 간행되는 수많은 책을 교정하고 인쇄했다. 사서삼경이나 이이李珥의『율곡전서栗谷全書』등의 문집류는 물론 국왕 정조의 문집인『홍재전서弘齋全書』의 교정에도 참여했다. 조선시대를 통틀어 이때가 책을 가장 많이 인쇄한 시대임을 감안하면 이 시절 장혼과 같은 출판 인쇄 교정 전문가가 나타난 것은 그리 의아한 일도 아니다.

정조는 중요한 책의 간행이 끝날 때마다 관련 사람들의 자품資品을 올려주었다. 하지만 장혼은 오직 부모를 봉양하기 위해 일하는 것이라며 번번이 거절했다. 정조는 이 뜻을 알고 더 후하게 상을 내렸다는 이야기가 장지연張志淵(1864~1920년)의 『일사유사逸士遺事』에 나온다. 영달榮達을 생각하지 않은 것은 아니로되 자신의 신분상의 한계를 알기에 스스로 벼슬자리에 선을 그으며 깨끗함을 유지하려는 그의 성품도 보이고, 그 실력도 알 수 있는 이야기다.

규장각에서 간행한 서적 중에서도 장혼의 손을 거쳐 간 책은 더 선본이 된 까닭에 이름이 나서 당시 고관들도 사사로이 책을 펴내면서 그에게 교정 등을 부탁했다. 당대 재상을 지낸 홍석주, 정조

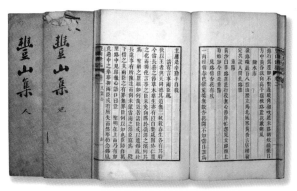

『풍산집豊山集』 당대 재상을 지낸 홍석주, 정조의 사위인 홍현주, 재야 큰 학자 홍길주 등 홍씨 집안의 문집으로, 장혼의 손을 거쳐 탄생했다. (국립중앙도서관 소장)

의 사위인 홍현주, 재야 큰 학자 홍길주 삼형제의 문집인『영가삼이집永嘉三怡集』이나 이들 홍씨 집안의 문집인『풍산세고豊山世稿』등도 모두 장혼의 손으로 탄생한 책들이다. 장혼이야말로 정조라는 황금시대에 그 학술 부흥을 강력하게 뒷받침한 출판전문가다.

중인 아버지와 아들, 그 인생관과 이이엄

장혼, 그의 자는 원일元一이며 호는 이이엄而已广이다. 아버지는 장우벽이다. 그의 집안은 고려 태사太師 장길張吉의 후손인데 그 중간이 어떠했는지는 알려져 있지 않다. 다만 증조부인 장한필張漢弼의 시가 중인들의 시집인『소대풍요昭代諷謠』에 실려 있는 점으로 보아 장혼 역시 중인일 것이며, 그의 아버지 장우벽이 음사蔭仕로 통례원인의通禮院引儀라는 벼슬을 한 것으로 보아 멀지 않은 선대까지는 적자였던 것으로 보인다. 어쨌든 적어도 증조 이후는 중인 집안이 된 것이 확실하다. 그러니 장혼은 봉건 조선사회에서 그 신분적 한계를 태생적으로 안고 태어난 것이다.

장지완張之琓(1806~1858년)이 남긴「장선생혼전張先生混傳」에 의하면 장혼은 어려서부터 중후하고 총명했으나, 지나치게 총명한 것이 걱정스러워 부모가 서당에 보내지 않았다고 한다. 그 아버지가 이미 세상의 한계를 알고 아들이 능력이 뛰어난데도 신분 때문에 좌절하게 될까 봐 염려하여 오히려 공부를 시키지 않은 것이다.

　나중에 자세히 살피겠지만 장혼은 여러 책을 출간했는데, 그가 출간한 책 중 『정하지훈庭下至訓』이 있다. 공자가 아들이 마당을 지나는 것을 보고 불러서 『시경詩經』은 읽었는지 등을 물었다는 이야기가 『논어』에 있는 것을 계기로 '과정過庭' 또는 '정하庭下' 등의 단어는 부모가 자식에게 내린 가르침을 의미하게 되었다. 그러니 이 책의 제목은 '부모님께서 가르쳐주신 귀한 교훈' 정도가 된다. 그 제목대로 이 책은 그의 아버지 장우벽이 평소 그에게 한 경계의 말, 교훈의 말 등을 모아 장혼이 편찬한 것이다. 그의 대대로 이어 그 자손들에게까지 물려주고 싶어 그의 나이 57세에 만든 책이다. 물론 장혼은 70세까지 살았지만, 당시에는 57세도 매우 높은 연배였다는 사실을 생각하면 장혼이 아버지를 그리면서 자신의 삶을 정돈하고 후손을 위한 작업을 했음을 알 수 있다.

　장우벽은 한국 가단歌壇의 중요 인물임에 틀림없으나 음악은 잡기雜技라 여기며 천시하던 때라 관련 기록이 많지 않다. 그렇지만 일부러 공부시키지 않은 그의 아들이 일일이 기록해둔 덕에 아버지는 좀 더 다양한 모습을 세상에 남길 수 있게 되었다. 또 『이향견문록』에 있는 장혼의 기사에서는 그의 아버지가 3년간 간질을 앓았는데 장혼이 쉰 넘은 나이에도 직접 대변을 맛보아 병세를 살피는 등 궂은일을 마다하지 않고 지성으로 간호하는 대목이 나온다. 아들 덕에 아버지는 세상에 더 많은 기록을 남기게 된 것이다.

다시 장혼의 어린 시절로 돌아가보자. 똑똑하지만 일부러 공부를 못 하게 할 수밖에 없는 아들을 보면서 어머니는 매우 안타까워했다. 그래서 틈틈이 집에서 몇몇 책을 가르쳐주었는데, 어린 장혼은 얼마나 똑똑하던지 한 번 본 것은 모두 이해하고 잊지 않을 만큼 총명했다. 이렇게 익힌 지식으로 따로 생산에 종사하지는 않았기에 늘 가난한 집안을 위해 장혼은 몇몇 집안을 돌며 가정교사나 훈장 노릇을 하며 지냈다. 이때의 경험과 느낌은 후대에 그가 교육 관련 서적을 많이 편찬해내는 데 큰 영향을 준 것으로 보이는데, 이는 뒤에서 다시 이야기할 것이다.

장혼의 호는 이이엄而已广이다. '엄'은 집을 나타내는 당호에 으레 붙이는 말이니 특별할 게 없지만 '이이'는 한문에서 특별한 뜻이 없이 쓰이는 허자虛字다. 이것이 함께 붙어 문장 끝에 올 때에야 '~뿐, ~따름'이라는 뜻이 될 뿐이다. 그가 특별히 자신의 호를 이이엄으로 붙인 것은 깊이 생각해볼 만한 일이다. 장혼의 문집인 『이이엄집而已广集』 4권의 「오양생悟養生」에서 후자의 의미라며 그 뜻을 설명해놓았다.

남의 잘못은 듣기만 할 '따름'이고, 일의 흑백은 보고 있을 '따름'이며, 쉽고 어려움이나 고난과 기쁨을 만나게 되면 피하지 않을 '따름'이며, 기쁘고 성냄이나 사랑하고 미움을 당해도 표현하지 않을 '따름'이다.

물론 장혼은 이이엄이라는 말을 표면적으로는 '~따름'이라는 의미로 썼다고 말하지만, 왜 그가 그런 인생관을 가졌겠는가? 그 답답한 한계를 인식하고 그저 한계를 가진 자신의 삶을 의미 없는 것으로 여기고 체념하듯 허자로도 통용되는 단어만으로 자신의 '이름 없는' 호를 붙인 것이 아니겠는가.

신분적 한계에 좌절하지 않고 다양한 활동을 이어가다

하지만 장혼은 이렇듯 나약하게 시대나 신분만을 한탄하여 원망스레 삶을 마치지 않았기에 그의 삶을 새겨볼 만한 것이다. 그는 위항인委巷人들을 위해 몇몇 굵직한 일들을 해냈다.

양반이 아닌 모든 계층 사람들을 보통 위항인이라고 부른다. 위항인들은 조선 후기 들어 양반들이 인정해주기를 바라며 기다리고만 있지 않고 자기들 스스로 자신의 정체성을 찾고 자기들만의 문화를 만들며 자기들의 삶과 문학과 역사를 기록으로 남기려 노력했다.

사실상 계급사회에서 양반이 아니라는 것은 모든 면에서 불이익을 받으며 기회를 상실한다는 뜻이었다. 이런 상황에 좌절하는 대신 우선 위항인들은 양반들만의 문화를 자기들도 향유하려 노력했다. 문학 영역에서는 특히 한시의 경우 양반 사대부들만의 전유물이었다. 조선 후기 들어 위항인들은 그들 스스로 한시를 짓고, 그중 뛰어난 것을 모아 시집을 펴내기까지 한다. 그들은 이 책을 『소대풍요昭代諷謠』(영조 13년, 1737)라 하고 총 162명의 작품을 실었다. 이런 분위기는 계속되어 이후 시대에도 위항인들끼리 시를 짓는 시회가 많이 늘었고 그들의 작품을 보존하려는 노력도 이어졌다.『소대풍요』가 나온 지 한 갑자甲子가 지난 정조 21년(1797)에 다시금 이를 잇는 책을 만들자는 분위기가 형성되었다. 사명감을 지닌 몇몇이 이를 위해 애썼다. 그 대표적인 인물이 바로 장혼이다. 장혼은 천수경千壽慶(?~1818년)과 힘을 합해 위항시인 333인의 작품을 실어 『풍요속선風謠續選』을 펴냈다.

　이들은 시집을 내는 것뿐 아니라 송석원시사松石園詩社를 결성하여 여러 사람들과 함께 정기적으로 활발하게 창작활동을 했다. 장혼은 천수경과 함께 이 시사를 주도했다는 점에서 위항인의 문화와 활동 형성에 매우 의미 있는 일을 한 인물로 평가된다.

　시사를 결성하여 활동한다거나 시집을 발간하는 일은 위항인들이 자신들만의 독특한 문화적 힘을 보여준 예이기도 할 뿐만 아니라 양반의 전유물이었던 분야를 무너뜨리는 상징적인 일이기도 했다. 이들의 활동을 빼고는 조선 후기 문단과 사회를 제대로 이해할 수 없을 정도다.

　말이 나왔으니 위항인들이 자기 정체성을 확립하기 위해 노력한 예를 좀 더 소개한다. 위항인들은 벼슬살이를 할 수 있는 경우

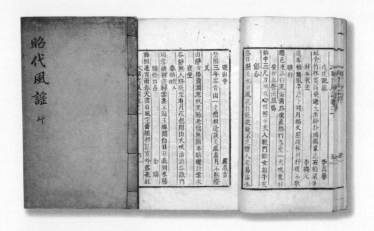

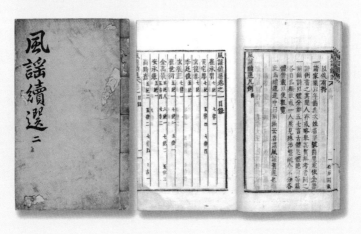

『소대풍요昭代風謠』(맨 위)와 『풍요속선風謠續選』(위) 조선 후기 들어 위항인들 스스로 한시를 짓고 그중 뛰어난 것을 모아 『소대풍요』를 펴냈으며, 『소대풍요』가 나온 지 한 갑자甲子가 지난 정조 21년(1797)에 다시금 이를 잇는 책을 만들자는 분위기가 형성되어 장혼이 천수경과 힘을 합해 위항시인 333인의 작품을 실어 『풍요속선』을 펴냈다. (국립중앙도서관 소장)

「송석원시사야연도松石園詩社夜宴圖」 장혼이 천수경과 함께 결성한 위항시인들의 모임인 송석원시사松石園詩社의 회합을 그린 것으로, 단원 김홍도의 작품이다. (한독의약박물관 소장)

가 많지 않아 양반 관료들이 모든 일과 권력 등을 독점하는 시대에 그 이름을 남기기가 어렵다. 역사의 각종 사건들을 기록하는 곳에서도 그들의 이름을 찾아보기 어렵고, 고급 문자인 한자를 주로 사용한 각종 서적을 출간하기도 어려우며, 또한 주로 양반들이 남긴 각종 기록에 곁으로나마 그 이름을 올리기가 어려웠다. 오늘날과 같이 사진이나 각종 녹음기기 등이 발전한 시기가 아닌지라 사람이 자신의 흔적을 남길 수 있는 길은 책이 거의 유일했다. 하지만 앞서 말한 대로 위항인은 문서기록으로 남기가 어려웠다. 각종 기술을 천시하던 시대였기에 한 분야에 뛰어난 재능을 가진 이들도 그 이름 석 자조차 남기기가 어려웠던 것이 사실이다.

하지만 세상에 살다 간 흔적을 남기고 싶은 것은 인간의 본질적 욕구 중 하나다. 조선 후기 들어 위항인들은 양반들의 기록에 끼어 들어가기를 모색하는 대신 그들 스스로 자신들의 역사를 기록하고, 자신들의 작품을 남기며, 서로 상대의 일평생을 기록하는 제문 등을 써주었다. 시문학 작품은 『소대풍요』 같은 책에 남아 그 작가 수백 명을 역사에 살아 있게 했다. 동시에 여러 모습으로 각 삶을 산 사람들의 일생을 짧게 기록한 인물 전기집이 19세기 중반에 쏟아졌다. 헌종 10년(1844)에 호산壺山 조희룡趙熙龍(1789~1866년)이 위항인 42명의 전기를 모아 엮은 『호산외기壺山外記』, 철종 13년(1862)에 겸산 유재건이 위항인 284명의 삶을 담아 엮은 『이향견문록』, 고종 3년(1866)에 운강 이경민李慶民(1814~1883년)이 엮은 『희조질사熙朝軼事』 같은 책이 바로 이런 분위기와 이런 목적에서 나온 것이다. 이런 전통은 1900년대까지 이어졌다. 위암 장지연이 「매일신보」의 주필을 하면서 이런 책에 남은 기록들과 몇몇 문인들의 문집에 남은 인물 전기를 모아 인물 전기를 연재한 것이다. 이 연재물을 장지연 사후인 1922년 그의 아들이 엮어서 나온 것이 『일사유사』다.

조희룡은 유재건의 『이향견문록』 서문을 쓰면서 자신이 10여 년 전에 금강산을 한 달간 유람한 이야기를 꺼냈다. 출렁이는 바다

『희조질사熙朝軼事』 고종 3년(1866) 운강 이경민이 엮은 책으로 조선 후기 위항인들의 일생을 짧게 기록한 인물 전기집이다. (국립중앙도서관 소장)

옆의 높이 솟은 산악은 그의 감탄을 자아내기에 충분했다. 그리고 그곳에서 본 여러 가지 신령스런 굴들과 여러 가지 신비스런 전각들 덕에 그 여행이 큰 인상을 남겼다고 했다.

> 구룡연, 만물상, 수미봉, 옥경대 등의 여러 경치는 금강산 중에서도 특히 뛰어나지만, 한 언덕 한 구렁이 혹은 기이한 경치로 특징이 있는 것들에 이르러서도 만약 이름을 붙여 널리 전파한다면 위의 구룡연, 만물상 등의 대열에 낄 수 있을 터인데, 모두 덮이고 가려서 거친 수풀과 우거진 넝쿨 사이에 파묻힌 것이 많았다.

금강산 구룡연이나 만물상은 지금 사람들도 금강산 관광에서 반드시 보고 싶어 하는 것들이다. 그것들이 그렇게 아름답게 여겨지고 등산객의 발길을 부르며 사람들의 기억에 남는 것은 그것에 이름을 붙여 널리 전파했기 때문이다. 그것 이외에 금강산에 있는 수많은 언덕이나 골짜기도 구룡연 등과 어깨를 나란히 할 만큼 아름답더라고 조희룡은 말한다. 그러나 그것들이 널리 전파되고 사람들에게 기억되지 않은 것은 오직 그것에 이름이 없는 까닭에 파묻혀버렸기 때문이라는 것이다.

그러고는 다음 이야기를 꺼낸다.

> 사람 또한 이와 같다. 관각簡閣에서 날개를 펼쳐 문명을 빛내고 낭묘廊廟에서 위의를 갖춰 옥촉玉燭을 조화함으로써 육경六經에서 우러나오는 것이 모든 민생에 파급되는 것이니, 이러한 분들은 말할 필요도 없다. 하지만 저 여항의 사람에 이르러서는 칭찬할 만한 경술經術도 훈업勳業도 없고, 혹 그 언행에 기록할 만한 것이 있으며, 혹 그 시문에 전할 만한 것이 있더라도 모두 적막한 구석에서 초목처럼 시들어 없어지고 만다. 아아, 슬프도다!

좀 어려운 말로 되어 있는데 풀어보면 이렇다. 양반 벼슬아치들은 조정에 들어가 높은 벼슬을 하면서 정치력을 발휘하여 태평성대를 이룰 기회를 얻을 수 있다. 그렇게 되면 그들의 이름이 남는 것은 말할 것도 없다. 이는 구룡연이나 만물상이 그 이름을 가져서 사람들에게 기억되고 유명해지는 것과 같다. 하지만 여항 사람들은 아예 벼슬길에 나갈 기회가 없으니 어떤 공을 세우거나 정치력을 발휘할 기회조차 없으므로 기록에 남을 수가 없다. 이것은 금강산의 많은 봉우리와 골짜기가 만물상이나 수미봉만큼이나 아름다운데도 이름이 붙여지지 않아 그저 수풀 속에 파묻혀버리는 것과 같다. 그러니 그 수많은 위항인 중에 얼마간이라도 기록해두는 것은 얼마나 가치 있는 일이냐는 말이다. 앞서 금강산 놀이 경험은 이런 책, 이런 인물들의 기록이 왜 가치가 있는지 설명하기 위해 끌어온 너스레인 셈이다.

오늘날 조선시대 사람들의 삶의 모습을 구체적으로 돌아보고 그들의 생각을 추정한다면서 인용하는 기록 중에 상당수가 바로 이런 책들에 나온 인물들임을 생각하면 기록의 힘이란 정말 대단하다. 그리고 위항인들 스스로 목표를 정하고 노력한 그대로 그들은 이런 기록을 통해 역사에 자신들의 흔적을 남길 수 있었다.

스스로 만든 목활자
이이엄활자

규장각 감인소에서 오랜 시간 동안 교정하고 출판하는 일을 담당했던 장혼은 이 국가사업을 하는 것에서 그치지 않았다. 인쇄 방식에 대한 이해와 그간의 경험을 바탕으로 스스로 활자를 주조했다. 이 활자를 장혼의 호에 따라 이이엄활자라 부른다. 이 시기 인쇄는 크게 목판인쇄와 활자인쇄로 나누는데, 장혼의 이이엄활자는 그가 손수 작은 크기의 필서체 목활자로 만든 것이다.

사실 장혼이 활동한 19세기에도 책을 출판하는 것은 매우 어려운 일이었다. 문집에 넣을 글들을 다 수합하는 일도 쉽지 않고, 그 출판 비용도 만만치 않았기 때문이다. 정조 시기 조선을 뒤흔들었던 그 유명한 연암 박지원朴趾源(1737~1805년)의 문집인『연암집燕巖集』역시 그가 살아 있을 동안이나 또는 세상을 떠난 직후에 간행되지 못하고 1900년에야 비로소 엮일 수 있었다. 이것을 생각해보

장혼의 글씨

면 이 시기 책을 출판한다는 것이 얼마나 큰 의미가 있고, 얼마나 어려운 일인지 알 수 있다.

장혼은 자기 필체로 글씨를 쓰고 자비를 들여 손수 일일이 파서 만든 이 목판활자를 이용하여 여러 사람의 문집과 자기 책을 남겼다. 현재까지 알려지기로는 장혼이 이 활자로 인쇄한 책은 총 23종이다. 이렇게 인쇄한 책이 오늘날까지 일부 남아 있어서 그 실체를 볼 수 있다.

위항인의 문화에 장혼이 기여한 일은 앞서 말한 시집 발간이나 시사 경영에만 그치지 않는다. 그는 출판전문가로서의 특기를 살려 직접 만든 활자로 위항인들의 개인 문집을 출판해주었다. 김경숙金敬叔과 그 아들의 문집『창암집蒼巖集』, 장혼의 아들 장욱과 그 벗 여섯 명의 시집인『수여당소집睡餘堂小集』등이 이렇게 하여 세상에 나올 수 있었다.

장혼이 개인적으로 활자를 주조한 것은 이를 통해 사라질 위기에 있던 여러 위항인들의 이름과 문집을 보존하고 널리 전했다는 점에서 매우 의의 있는 업적이라 할 수 있다. 그들을 낳은 사람은 각 부모이되 그들을 세상에 남긴 사람은 장혼이요, 그 책이다. 책이란 참 위대한 것이고, 그 책의 중요성을 알아 이것에 힘쓴 사람 역시 위대하다.

오늘날 장혼에 대한 연구가 집중되는 분야는 아동교육 분야다. 1982년에 박성수 씨가 출판한 책의 제목은 '한국의 페스탈로찌 장혼'이다. 요한 하인리히 페스탈로치Johann Heinrich Pestalozzi(1746~1827년)는 청소년 교육에 평생을 바친 스위스의 교육 사상가이자 교육 실천가다. 근대 교육을 말할 때 장 자크 루소Jean Jacques Rouseau와 페스탈로치는 반드시 언급되는 인물임을 생각할 때, 정말 장혼은 '페스탈로치'에 비할 만한 인물일까?

결론부터 말하면 사실 조선 후기 아동교육 분야에 관해 깊이 있는 연구가 아직 충분히 이루어지거나 널리 알려지지 않은 상황임을 감안할 때 장혼이 아동교육 분야에 끼친 공은 앞으로 더 연구되고 알려질 여지가 충분하다.

표면적으로 볼 때 장혼이 아동교육에 가장 크게 기여한 부분은 아동교육 서적을 편찬한 것이다. 그것도 당시 중국과 조선에서 흔히 사용하던 『천자문千字文』이나 『동몽선습童蒙先習』 같은 기초 한자 교육용 서적이 아니라 당시 조선의 민간 상황을 반영한 우리만의 서적을 만들었다는 데 큰 의의가 있다.

장혼은 집이 가난했기에 일찍부터 서당 훈장이나 남의 집 개인 과외 선생을 했다는 점을 생각해볼 때, 이때의 경험과 이후 경험을 종합하여 아이들을 위한 책을 만들어야겠다는 생각이 절실했을

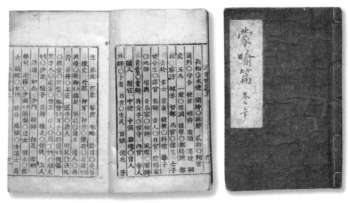

『몽유편夢喩篇』 '한국의 페스탈로치'로 불리는 장혼이 직접 만든 이이엄활자를 이용하여 펴낸 일용 백과서로, 국어 어휘에 대한 연구와 최초의 소형 필서체 목활자본이라는 점에서 서지학 연구의 중요한 자료다. (국립중앙도서관 소장)

것이다. 직접 만든 이이엄활자를 이용하여 그가 펴낸 아동교육서는 『아희원람兒戲原覽』, 『몽유편蒙喩篇』, 『계몽편啓蒙篇』, 『근취편近取篇』, 『초학자휘初學字彙』 등 10여 종이 넘는다. 이중에 『계몽편』은 일제 강점기 초기 약 20년 동안 무려 열 차례나 새로 간행되면서 아동교육 교재로 활용되기도 했다. 이중 현재까지 전하는 것은 앞의 두 개뿐이지만 남아 있는 책과 관련 기록만으로도 그를 평가하기에 충분하다.

장혼이 아동교육 교재를 만들면서 표방한 것은 한마디로 가까운 것, 우리 것부터 교육하는 방식이었다. 「아희원람인兒戲原覽引」에서 장혼은 "처음 배우는 어린 학생들이 귀는 귀하게 여기면서 눈은 천하게 여기며, 가까운 것은 꺼리면서 멀리 있는 것만을 좇는

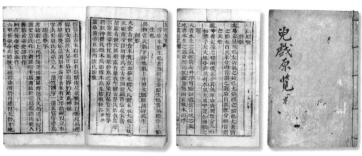

『아희원람兒戱原覽』 아이들에게 전통놀이를 가르치면서 그 놀이를 통해 아이들이 우리 전통을 알고, 사회 관습을 익히면서 몸과 마음을 단련하도록 구성했다. (국립중앙도서관 소장)

다. 내가 늘 그 겉만 화려하고 실효성은 적은 것을 걱정하여……"
라 했다. 사실 『천자문』만 보더라도 처음부터 '천지현황天地玄黃',
곧 '하늘은 검고 땅은 누렇다'는 다소 철학적이면서도 형이상학적
인 서술로 시작하는 것을 생각할 때, 가까이 쉽게 볼 수 있는 것에
서부터 실질적인 공부를 해야 한다는 그의 주장은 오늘날의 아동
교육관과 더 잘 맞다.

　이런 원칙으로 장혼이 편찬한 교재는 삼강오륜 등의 교육이 아
니라 사람을 부르는 칭호, 사람의 신체, 주변의 여러 물건, 주변에
서 자주 접하는 동식물, 기상 현상 등 일상생활과 관련 있는 어휘
와 내용이 주를 이루었다. 『계몽편』에서는 이런 내용을 한자와 한
글을 병기하는 방식으로 기록하여 오늘날 국어학자들에게 귀중한
연구 자료가 되기도 한다.

　『아희원람』에는 '아희', 곧 '아이들의 놀이'라는 그 말 뜻대로

우리나라 고유의 세시풍습과 민속놀이 등이 다양하게 소개되어 있다. 아이들에게 전통놀이를 가르치면서 그 놀이를 통해 아이들이 우리 전통을 알고, 사회 관습을 익히면서 몸과 마음을 단련하도록 구성한 것이다.

장혼은 책의 편집과 교정, 제작과 관련한 전문가이기도 하지만 좀 더 깊이 들어가 교육자적인 사상과 그 교육 방법으로 보더라도 높이 평가할 만한 인물이다. 조선시대 인물 중에 이런 교육자를 볼 수 있다는 것은 새삼 놀라운 일이다. 그리고 함께 기뻐하며 자부심을 느낄 만한 일이기도 하다.

20년 걸려 만든 책

마지막으로 출판전문가로서 장혼의 모습을 한 번 더 살펴보자.

『이향견문록』 중 「경재 이경연」에서 중요한 정보를 얻을 수 있다. 『이향견문록』의 저자 유재건이 이경연의 손자 이형재에게서 이경연의 글이 가득 담긴 상자를 받았다. 여기서 「기시종인소寄詩宗印所」라는 시를 보고는 놀라며 대단한 작품이라고 감탄했다는 이야기와 함께 이 시 전문을 실어놓았다. 제목을 풀면 '『시종』이라는 책을 간행하는 것을 기념하여'라는 뜻이다. 시 중간에 이런 대목이 있다.

지금 세상 결주 사람 장혼 씨는

타고난 자질 굳세고 얽매임 없더니

책 상자 짊어지고 못 박이도록 천리를 다니며

이웃의 불이나 달빛으로 늙어서도 독서 힘쓰네

(……)

'시종'이라 제목 짓고 손수 가려 뽑는데

이십 년 되도록 붓놀림은 피곤할 줄 모르네

이제 새겨서 장차 오래도록 전하려 하니

한번만 보면 그 뛰어남을 알 수 있으리

今世絜州張混氏 受材雄驚行不羈 負笈重趼輕千里 鑿壁隨月老益孜 (……)

題曰詩宗手自鈔 不覺筆倦卄年玆 今日剞劂將壽傳 一覽應知不群思

　이 시를 통해 이 책을 장혼이 편찬했음을 알 수 있고, 그가 평생 책을 짊어지고 여기저기 다니면서 모든 글을 섭렵하여 책을 한 권 편찬하는 데 무려 20년 동안이나 매달렸다는 사실이 드러난다. 『시종』은 중국 역대의 시사詩史를 순임금부터 명나라 때까지 시대별로 인물별로 정리한 것이니 그 연대로 보나 작품 수로 보나 어마어마한 분량을 정리해내는 큰 작업이었음을 짐작할 수 있다. 장혼이 그것을 20년 동안 공들여서 했다는 사실에 절로 고개가 숙여진다.

　장지완은 「장선생혼전」에서 "그는 어려서부터 다리의 병을 앓아 걸을 때 절뚝거렸고 권세 있는 집에 드나들지도 않았으나 같은 시대 유명한 석학들이 항상 치켜세우며 그를 인정하였다"라고 했다. 장혼은 어려서 소아마비를 앓아 한쪽 다리를 절었다. 그런 그가 책 상자를 지고 발바닥에 못이 박이도록 이곳저곳을 돌며 서책을 살피고 정보를 모두 모아 20년 만에 책을 한 권 완성했다는 것을 상상해보라. 그러니 이 책의 존재는 훨씬 더 칭송받을 만한 것이다. 그가 흘렸을 땀과 그 다리의 아픔과 고통을 우리가 어찌 다 안다고 하겠는가. 다만 그 철저한 전문성과 그 어마어마한 노력에 경의를 표할 뿐이다. 신체의 장애는 있을망정 그것을 원망하지 않고, 온몸의 열정을 다 바쳐 한 가지에 쏟을 수 있는 사람을 여기 장혼에게서 본다. 그런 것들 때문에 오늘날 장혼을 이 분야 전문가로 인정하는 것이다.

출판전문가, 교육자, 중인 문학가, 위항인 문화의 선도자, 장애인 등 다양한 이름으로 장혼을 설명할 수 있겠지만 그것은 그의 삶 전부와 그의 내면세계 전부를 말해주지는 못한다. 그저 추정해볼 뿐이다. 벗 천수경이 우연히 찾아온 것을 계기로 중국 도연명의 4언시 형태를 본받아 쓴 시 「군선우지효도체君善偶至效陶體」를 통해 장혼의 인생철학을 보면서 그가 어떤 사람이었나 생각해보자.

저 어떤 한 사람

아내 없고 벼슬도 없네

고생스럽고 가난하지만

마음이야 편안하다오

하하 허허 즐거워하며

때로 연주하고 노래부르지

만물은 제각기 즐기며 살 뿐

붕새가 메추라기 비웃지 않네

羌有人兮 不娶不官 雖則苦貧 其心則晏 樂之嘐嘐 彈詠以間 物各自適 鵬無笑鷃

　　장혼, 그는 중인이라는 신분적 한계를 가지고 태어났으며 소아
마비라는 신체적 한계를 갖고 살아가야 했으나 당장 눈앞의 현실
만을 보고 좌절하며 절규하다 죽어간 사람이 아니다. 그는 수많은
책을 교정하고 서로 대조하면서 책과 기록의 중요성을 알게 되었
고, 그 책을 통해 수많은 사람을 만났을 것이다. 그런 만남을 통해
그 스스로 책과 교육의 중요성을 깨달았을 것이다. 그래서 그는 개
인 재산과 개인 시간과 개인 공력을 들어 활자를 만들었고, 이를
이용하여 글을 통해서밖에 세상에 자신을 알릴 수 없는 수많은 중
인들, 위항인들의 삶과 글을 남겼다. 남들이 알아주거나 챙겨주지
않아도 그들 스스로 세상에 남는 방법을 찾았고 이를 실천한 것이
다. 또한 그들의 미래인 자식들을 위해 뚜렷한 원칙을 갖춘 교육서
를 펴냈다. 한두 권도 아니고 여러 권을 펴내면서 아이들의 미래를
그리고 준비했다. 그런 준비와 실천은 '교육은 백년지대계百年之大
計'라는 말의 산 실천이었다. 그가 죽은 후에도 그가 인쇄한 책은

반복해서 인쇄되어 일제 강점기 약 20년이 넘도록 최고의 아동교육서로 쓰일 수 있었으니 말이다.

장혼은 자기 한 사람만의 역전을 꿈꾼 것이 아니었다. 같은 처지의 한계를 지닌 위항인 전체를 위한 일에 힘썼고, 미래에 또 그런 위항인으로 남을 아이들을 위해 오랫동안 철저하게 준비했다. 그리하여 그는 자기만이 아니라 같은 계층에 속한 모든 이들의 삶의 역전을 이룩한 위대한 거인이다.

참고문헌

1. 관비 출신 혼혈아로 종3품에 오른 과학기술자 장영실

『서운등록書雲騰錄』.

『세종실록世宗實錄』.

『아산장씨세보牙山蔣氏世譜』.

강희맹, 『사숙재집私淑齋集』.

서거정, 『필원잡기筆苑雜記』.

이긍익, 「천문전고天文典故」, 『연려실기술燃藜室記述』.

이덕무, 『아정유고雅亭遺稿』.

편자 미상, 『교수잡사攪睡襍史』.

박영규, 『세종대왕과 그의 인재들』, 들녘, 2002년.

박현모, 『세종처럼-소통과 헌신의 리더십』, 미다스북스, 2008년.

2. 천민으로 태어나 한성부판윤이 된 상례전문가 유희경

『광해군일기光海君日記』.

『선조실록宣祖實錄』.

유몽인, 「유희경전」(유희경, 『촌은집村隱集』).

이수광, 「침류대기」, 『지봉집芝峯集』 21권.

이식, 「촌은 유희경의 시집에 쓴 짧은 글[村隱劉希慶詩集小引]」, 『택당집澤堂集』 9권.

유재건, 『이향견문록里鄕見聞錄』(실시학사 고전문학연구회 옮김), 글항아리, 2008년.

유희경, 『촌은집村隱集』.

홍만종, 『소화시평小華詩評』.

고영진, 『조선 중기 예학 사상사』, 한길사, 1995년.

차용주, 「유희경 연구」, 『한국 위항문학 작가 연구』, 경인문화사, 2003년.

허경진, 「풍월향도風月香徒」, 『조선 위항문학사』, 태학사, 1997년.

3. 외교 난제를 해결하고 공신록에 오른 역관 홍순언

『선조수정실록宣祖修正實錄』.

『선조실록宣祖實錄』.

김지남, 『통문관지通文館志』.

박사호, 『심전고心田稿』.

박지원, 「행재잡록후지行在雜錄後識」, 『열하일기熱河日記』.

유성룡, 『서애집西厓集』.

유재건, 『이향견문록里鄕見聞錄』.

이긍익, 『연려실기술燃藜室記述』.

이유원, 『임하필기林下筆記』.

이익, 『성호사설星湖僿說』.

작자 미상, 「이장백전李長白傳」.

작자 미상, 『청구야담靑邱野談』.

작자 미상, 「홍언양의연천금설洪彦陽義捐千金說」.

한치윤, 『해동역사海東繹史』.

이덕일, 『조선 최대 갑부 역관』, 김영사, 2006년.

정명기, 「홍순언 이야기의 갈래와 그 의미」, 『동방학지』 45권, 연세대학교 국학연
　　구원, 1984년.

4. 서출로 태어나 어의가 된 의원 허준

『광해군일기光海君日記』.

『선조수정실록宣祖修正實錄』.

『선조실록宣祖實錄』.

공자, 「자한子罕」, 『논어論語』.

박지원, 『열하일기熱河日記』.

유재건, 『이향견문록里鄕見聞錄』.

유희춘, 『미암일기眉巖日記』.

채제공, 「애남전」, 『번암집樊巖集』 55권.

허준, 『동의보감東醫寶鑑』.

허준, 『언해두창집요諺解痘瘡集要』.

김형광, 「허준」, 『조선인물전』, 시아출판사, 2007년, 247~259쪽.

김호, 「허준-조선 의학의 완성」, 『63인의 역사학자가 쓴 한국사 인물열전』 2권(한 영우 선생 정년 기념 논총 간행위원회 엮음), 돌베개, 2003년, 77~98쪽.

김호, 『허준의 동의보감 연구』, 일지사, 2000년.

신동원, 「상상 속의 허준과 역사 속의 허준」, 『과학기술의 철학적 이해』 2권(한양 대 과학철학교육위원회 엮음), 한양대학교 출판부, 2006년, 89~100쪽.

5. 비파 하나로 만인에게 인정받은 비파연주가 송경운

『광해군일기光海君日記』.

이기발, 「송경운전宋慶雲傳」, 『서귀유고西歸遺稿』.

어숙권, 『패관잡기稗官雜記』.

이식, 「상성안금명尙成安琴銘」, 『택당집澤堂集』.

작자 미상, 『청구야담靑邱野談』.

박희병, 「조선후기 예술가의 문학적 초상」, 『한국고전인물전연구』, 한길사, 1992년.

송방송, 『악장등록연구』, 영남대학교 민족문화연구소, 1980년.

송지원, 「송경운」, 『문헌과해석』 18권.

허경진, 『악인열전』, 한길사, 2005년.

6. 삼정승 육판서가 두루 찾은 박물학자 황윤석

갈홍, 『포박자抱朴子』.

황윤석, 『이재난고頤齋亂藁』(전10권), 한국학중앙연구원 영인.

황윤석, 『산학입문-이재난고 21, 22권』 1·2(강신원 옮김), 교우사, 2006년.

황윤석, 『산학본원-이재난고 23권』(강신원 옮김), 교우사, 2006년.

가와이 코오조오, 『중국의 자전문학』(심경호 옮김), 소명출판, 2002년.

강관식·강신항·권오영·이종묵·이헌창·정만조·정성희·정순우, 『이재난고로 보는 조선지식인의 생활사』, 한국학중앙연구원, 2007년.

노혜경, 『朝鮮後期 守令 行政의 實際-黃胤錫의 『頤齋亂藁』를 중심으로』, 혜안, 2006년.

정성희, 『우리 조상은 하늘을 어떻게 이해했는가』, 책세상, 2000년.
최기숙 외 9인, 『역사, 길을 품다』, 글항아리, 2007년.
최삼룡·윤원호·최전승·김기현·하우봉, 『이재 황윤석-영정조 시대의 호남실학』, 민음사, 1994년.

7. 조선의 천문역상天文曆象 역사를 새로 쓴 천문학자 김영
『일성록日省錄』.
『정조실록正祖實錄』.
『홍재전서弘齋全書』.
서유본, 「답김생영서答金生泳書」 1·2, 『좌소산인문집左蘇山人文集』.
서유본, 「김인의영가전金引儀泳傳」, 『좌소산인문집左蘇山人文集』.
성대중, 『청성잡기靑城雜記』.
유재건, 「김석천영金石泉泳」, 『이향견문록異鄕見聞錄』.
유형원, 『반계수록磻溪隨錄』.
홍길주, 「김영전金泳傳」, 『표롱을첨縹礱乙㦰』.
성주덕·김영 외, 『국조역상고國朝曆象考』(이은희·문중양 역주), 소명출판, 2004년.

8. 그림만큼이나 인간다웠던 목민관 김홍도
『일성록日省錄』.
『홍재전서弘齋全書』.
강세황, 「금강산유람기[遊金剛山記]」, 『표암유고豹菴遺稿』(박동욱·서신혜 역주, 『표암 강세황 산문전집』, 소명출판, 2008년).
강세황, 「단원기檀園記」, 위의 책.
강세황, 「찰방 김홍도와 찰방 김응환을 전송하며[送金察訪弘道金察訪應煥序]」, 위의 책.
맹자, 「양혜왕장구상梁惠王章句上」, 『맹자孟子』.
성대중, 『청성잡기靑城雜記』.
이규상, 『병세재언록幷世才彦錄』(민족문학사연구소 한문분과 옮김, 『18세기 조선 인물지』, 창작과비평, 1997년).
오세창, 『근역서화징槿域書畵徵』.

유재건, 『이향견문록里鄕見聞錄』.

조희룡, 「김홍도전」, 『호산외기壺山外記』.

한진호, 「사인암별기舍人巖別記」.

오주석, 『단원 김홍도』, 솔, 2006년.

유홍준, 『화인열전』 2권, 역사비평사, 2001년.

9. 10년간 두문불출하며 바둑에만 집중한 국수 정운창

『고려사高麗史』.

나관중, 『삼국지연의三國志演義』.

유본학, 「바둑 잘 두는 사람 김석신에게 주는 글[贈善棋者金錫信序]」.

이서구, 「기객소전棊客小傳」, 『척재집惕齋集』.

이옥, 「정운창전鄭運昌傳」(김려, 『담정총서潭庭叢書』).

작자 미상, 『청구야담靑邱野談』.

안대회, 「승부의 외나무다리를 걸으며 오른 반상의 제왕」, 『조선의 프로페셔널』,
    휴머니스트, 2007년.

안영이, 『다시 쓰는 한국바둑사』, 한국기원, 2005년.

10. 신체장애에 좌절하지 않은 출판전문가 장혼

유재건, 『이향견문록里鄕見聞錄』.

장지연, 『일사유사逸士遺事』.

장지완, 「장선생혼전張先生混傳」, 『침우당집枕雨堂集』 6권.

장혼, 「오양생悟養生」, 『이이엄집而已广集』.

장혼, 「군선우지효도체君善偶至效陶體」, 『이이엄집而已广集』.

장혼, 「아희원람인兒戱原覽引」, 『아희원람兒戱原覽』.

김애자, 「조선시대 장혼의 아동교육관과 초학교재 내용에 관한 연구」, 『미래유아
    교육학회지』 10집, 2003년.

윤병태, 「평민 장혼의 편찬서와 간행서」, 『서지학연구』, 서지학회, 1994년.

차용주, 『한국 위항문학작가 연구』, 경인문화사, 2003년.

허경진, 『조선위항문학사』, 태학사, 1997년.